「音痴」といえば

音楽家

Ludwig van 栄太変（えいたへん）

社会評論社

三田恭子先生に捧げる

はしがき

音楽学校——「お坊ちゃん」「お嬢さん」が集い、美しい音楽が奏でられている、そんな世界をみなさんは想像しているに違いない。

だが、現実は全く違う。

私は、本書に「ありのまま」を記した。

そんな私から「音楽好き」なみなさんへ、心からの助言だ。

作曲家や演奏家の名前（ブランド）だけで、音楽を判断してはいけない。

「現代音楽」に近寄ってはいけない。

「下手なプロより出来る」というアマチュアを相手にしてはいけない。

自分の子供を音楽学校に入れてはいけない。

これらは、本書を読み進むうちに納得されることだろう。

音楽は、純粋に楽しんでいただきたい。

私の願いは、ただそれだけなのだ。

目次

◉第一章　音楽界の「虎の穴」

♪「音楽教室」の実態

私は「教室始まって以来初の聴音問題全問正解者」ということで、「T学園大学附属子供のための音楽教室」(略して「音教」)の試験に合格し、入室した。専攻はピアノ科だった。

音教には「幼稚科」もあり、小学校入学以前の子供たちに「エリート教育」をしていた。小学一年生で入室した私は、幼稚科からのエスカレーター組ではないが、新入生の中では一番上の組へ通うことになった。音は全て聞き取れるものの、それを譜面に書き取る練習をしていなかった私は授業についていけず、最初の劣等感・敗北感を味わうことになってしまう。ほんの数回の授業の後、二学年合同のクラス(掃溜め?)に落とされた。私は、その授業にもついていけなかった。

見かねた母親は、名簿の講師の中から「自宅から小学生でも通える場所」という条件だけでD先生を選び出し、その自宅へ都電に乗せて私を連れて行った。突然の訪問(押しかけ?)に当惑しながらも、D先生は母親の話を聞き、私に簡単なテストをした。その結果、内密にすることを条件に、補講?をしてくれることになった。後になって知るのだが、当時D先生は音教のナンバー3くらいの「偉い」人だった。母親は、音教の先生のことを何も知らなかった。もちろん、先生同士の力関係も……これが、後々ボディーブローのように、私を苦しめることになる。

D先生の的確な指導によって、私は本来の能力を発揮していく。二年生の頃には、合同クラスの中では間違いなくトップになっていた。同じ頃、もう秘密の補講は必要ないということで、D先生の方から終了を言い渡された。

そして、学年の途中から幼稚科の生徒もいるC組へ上がり、たった二度の授業の後、B組へ上がり、とうとう三年生で、A組にまで上がることが出来たのだった。

私は「雲の上の存在」になった。A組は、まるで異次元の世界だった。そこにいたのは、幼稚科上がりの「エリート意識」プンプンの「マセガキ連中（女子）」だった（言い忘れたが、音教の生徒の大部分は女子だ。男子は、私の学年で、私も含めて三人くらいしかいなかった）。A組の男子は、私一人だけだった。

まずムカついたのは、ソルフェージュだ。これは音名で歌うのだが、普通、ドイツ音名ではなくドレミを使う。誰もが良く知る音名だ。順番に、ド、レ、ミ、ファ、ソ、ラ、シ。ところが、マセガキ連中はこう発音していた。ド、レ、ミ、ファ、ソ、ラ、**スィー**

……それを、いかにも「私たちは、アンタとは違うのヨ」という見下した態度で使うのだ。私は、あくまで「シ」で押し通した。スィーだなんて、気持ち悪い言い方ができるか！だ。

ムカつくのは、歌い方だけではない。他の子が、ちょっとでも間違えると「フフン！」と鼻で笑う。時には「えー、こんなことが出来ないの？」と嘲る。クラスが同じでも、自分以外は全てライバル、否、そんな生易しいものではない、敵なのだ。A組の授業では、それが日常茶飯事だった。

ピアノの実技試験でも、マセガキ連中は、その「イヤミ度」で目立っていた。まずは、椅子の高さを調節する（もともと、高さは子供に合うくらいに調節してあるものだ）。それを、いわば「パフォーマンス」としてやるわけだ。調節のツマミを緩め、ガチャガチャと座面を上下させ、固定する。先程と同じ高さだ。だが、それでいいのだ。目的は調節ではなく「自分は出来るぞ」というアピールなのだから。その時、意地の悪いマセガキは、ロックをかけてしまう。当時の椅子には、ロックが二種類あった。次の子が知らない種類だと、ロックを外せない。一応、ツマミには触れるものの、あきらめて泣きそうな顔で椅子に座る子もいた。パフォーマンスの過ぎるマセガキは、一度座った後、もう一度立ち上がって椅子の後ろへまわり、再び高さ調節をしてみせるのだった（ちなみに、私は調節をしたことがない）。いよいよ演奏だ。マセガキの本領発揮の時が来た。小学校低学年のガキが、身をくねらせ、「官能的」な表情を浮かべながら、弾き始める。それだけでも、充分に「気持ち悪い」のだが、審査員にアピールするためか、身をくねらせながら右側だけを向き、その「官能的」な表情をより見せつけようとする。決して左側を向かない、ということで「計算」がバレバレだ。その時のクセが大人になっても抜けきれず、いまだにリサイタルで右側だけを向く元マセガキがいる。恐ろしいことだ。

そういえば、かなり以前テレビで「エレクトーン少女」を見たことがある。あの動きは、ハッキリ言って「異常」だ。詳しい事情を知らないのだが、もし、あれが何らかの「病気の症状」だとしたら、気の毒に思う。そうでなければ、ああなるまで放置していた「先生」と「親」の責任は重い。

さて、マセガキの意地の悪さは、自身の演奏の時だけではない。他の子が演奏している最中に、わざとまわりに聞こえるように言い放つのだ。「あの曲、私は幼稚園の時に弾いたことがある。」「私は、一年前に弾いた。」それを聞き、同じく「イヤミ度」の高いマセガキの母親たちも、「そうよねえ。あの子、ちょっと遅れているんじゃない。」などと、相槌（あいづち）を打ちだす。まるでテレビドラマのようだが、音教では、このようなことが毎回繰り広げられていた。

他のところでも述べたが、私はＳＨＭ（ソルフェージュ・ハーモニー・メロディーの略で、聴音関係のこと）は出来たが、ピアノは駄目だった。自己流の弾き方がＴ学園の作法？には合わず、認められなかったからだ。音教入室の時点で、それまでに全て終えていた「ツェルニーの三十番」を最初からやり直すと宣告された私は、ひどく落ち込んだ。ピアニストへの道は、閉ざされたも同然だった。

Ａ組に上がった頃には、まわりのピアノ科の生徒より、控え目に見ても二年は遅れていただろう。その年の十二月、Ａ組担当のＲ先生の家でクリスマスの会が開かれた。まわりが全員女子という会など行きたくはなかったが、先生ににらまれても困るということで、私は渋々参加した。そこで、一人ずつピアノを弾かされることになり、あまり上手ではないと言われている子が弾きだした。私は、驚愕した。「すごい。この子でも、こんなに弾けるんだ。今の自分には、難しくてとても弾けない。」

その演奏を聞いていたマセガキ連中が、ヒソヒソ話を始めた。「この曲なら、もう弾いちゃったわ。」「私は、二年前に習ったもんね。」曲は、ベートーベンの後期のソナタ（易しい方）だ。私がその曲を習うのは、小学六年生になってからだった。ＳＨＭが幼稚科上がりのマセガキ連中よりも出来たので、「プライド」をつぶされたマセガキの母親たちは、私のことを「ピアノが下手では、Ａ組にいる資格がない！」と陰口で攻撃しだした。ところが、そんな人たちでもあきれる事態が、ピアノの試験では起こっていたのだ。

音教のピアノ科では、通常の実技試験の他にグレード試験がある（学年には関係なく、中学二年生の終了時までの間に、何度でも任意で受けられる試験だ）。一番簡単なのは、ハノン（練習曲）を二十番までハ長調で全て覚え、試験官の指定する番号の曲を即座に弾く、というものだった。A組のマセガキ連中は、一度で合格する者が大半だ。悪くても、二度目には合格する。

私の一度目は、当然不合格だった。そして二度目の時、私の母親は耳を疑うような話をマセガキの母親たちから聞くことになる。

「〇〇ちゃんは、習っている先生が大物だから、番号を間違うどころか、番号にない音を作曲して弾いたのに、一度で合格ですものねえ。」

私の二度目の挑戦を聞いていたマセガキの母親たちは、こう言ったそうだ。「良かったわねえ。これだけ弾けていれば、間違いなく合格よ。おめでとう！」

日頃、悪口ばかりの人たちがここまで言うということは、合格なのだろうと私の母親も思った。結果は不合格だった。結局、合格出来たのは三度目の挑戦でのことだ。二度目失敗の話を聞きつけたマセガキの母親たちは、よほど同情したのか、私の母親に「親身のアドバイス」をしてくれた。「先生を代えてもらいなさい」と。

どこでもそうだろうが、音教の先生には派閥があった。私のピアノの先生は、弱小派閥の先生の弟子だった。A組の他の子たちの先生は、それぞれ、いくつかある強力な派閥のドン本人だった。これでは、勝負にならない。マセガキの母親たちは言った。「そんな、私たちが名前も知らないような先生に習っていたら、同じように弾いても低い点をつけられてしまうわよ。今なら、まだ間に合う。代えてもらわないと、これから先、苦労するから……」

だが、私たち親子は動かなかった。ピアノのM先生は、とても優しい人だった。音教入室の時点で挫折し、やる気を無くした私に、辛抱強く接してくれた。一時期、産休ということで他のK先生になったことがある。K先生は、典型的なT学園の先生だった。自分の気にいらないと、楽譜を投げつけ、ピアノの蓋をバンと閉めてしまうような人で、レッスンのたびに私はおびえていた。

私には、T学園では例外的に優しいM先生のもとを離れるなど、考えられもしなかった。その後も「あんな先生だから、彼のピアノが上達しないんだ」などと悪口雑言が聞こえてきたりしたが、M先生にも、それが伝わっていたらしい。私のピアノが下手なのは、私自身のやる気が無いだけだったというのに。今日まで、私が音楽を続けて来られたのは、M先生のおかげだ。M先生がいなければ、私は小学校高学年で、音教だけでなく音楽自体をやめていただろう。母親は、そんな私の気持ちを察していたに違いない。

ピアノの実技試験では、先生の派閥以外に「楽譜」の問題もあった。実は、楽譜によって曲の中の音は違っていることがある。音だけでなく、ある部分で、一小節多い少ないがあったりもする。音教とT学園では、当時学長だったI氏の監修した楽譜が絶対だった。黄色い表紙の楽譜（現在は白くなっている）だったので、私たちは「黄色い楽譜」と言っていた。装飾音符等を「黄色い楽譜」とは違うように（他の、例えば外国の「原典版」に従って）弾いただけで、点を下げられた、という話は結構あった。当時から、その中身に関しては異論があったのだが、なにしろ絶対だったのだ。ちなみに、異論といえばコルトー版も同様で、ピアニストが専門外のことに手を出すのは問題だ。知らない人には、有名人ということで権威付けにはなるのだろうが、困ったことだ。最近では、I氏の威光も衰えていて、このような馬鹿げたことはないようだ。——話を続けよう。

小学校も高学年になると、マセガキは急に色気づきはじめる。A組のマセガキ連中もそうだった。友達の家へ遊びに行き、下着を着けたままで風呂に入ったなんていうヘンな子もいた。だが、一番ひどいのは男子（＝**私だ**）に対する「シカト？」だ。教室に入ると、一つだけ机が隅に置いてある。そこへ座れ、ということなのだ。自分たちは真ん中に机を並べて陣地を作り、私を無視していた。たまに、机の移動を忘れていることがある。その時は、私が座るとそのまわりの机を全て移動し、とにかく私の机だけを孤立させるのだった。それだけではない。小学六年生の頃、私は「声変わり」になった。当然、その時期には「ソルフェージュ」をまともに歌えない。マセガキ連中は、その調子外れの歌声に対して、嘲笑を浴びせ続けた。見かねたR先生は、歌うのではなく「口笛」でメロディーを吹くということを私に提案した。仕方なしに口笛を吹いていた私は、声変わりが落ち着いてからも、もうソルフェージュを歌う気持ちにはなれなかった。後で触れるが、そのことが中学二年生の時、大変な事態を巻き起こしてしまう。

ここで、少々余談を。口笛といえば、最近、自称「プロ」の口笛吹きのコマーシャルを耳にすることが多い。その全てが「音程を高めに外している」のは、なぜだろう。おそらく、声楽家と同様に「純正調」の話を持ち出すのだろうが、ズレはその範囲を超えている。「S露丸」のラッパだけでも困りものなのに、新たな頭痛の原因が現れるとは……私だけでなく、絶対音感を持つ人全員が、そう感じていることだろう。

話を戻そう。R先生は、容赦なく怖い（パワハラ気質の）人だった。「男の子一人では寂しいでしょう。B組に行けば、男の子がいるわよ。」よく、そう言われたものだ。B組にいたS君は、ピアノがとても優秀だった。私がB組へ落ちれば、ピアノでバカにされる。それは、当時の音教の雰囲気からして、火を見るより明らかなことだ。「同じ学年のピアノ科に男子は二人もいらない！」と根拠不明な言いがかり？で、常日頃プレッシャーをかけられていた私は、必死になってA組にしがみつこうとしていた。

そんな中、男の子が上って来たことがある（S君ではなかった）。だが、残念なことに、彼は明らかに出来が悪かった。数回目の授業中、突然、R先生は彼に宣告した。「あなたがいると、授業が進められない。他の子の足手まといになっている。今からすぐ、B組へ行きなさい。B組の先生には、後で私から話しておきます！」――同時期、やはり出来の悪かった子がもう一人、授業中にB組へ落とされた。

私は、授業の度に「今度は、自分の番ではないか」とおびえていた。このことは、オーバーな言い方ではなく「生涯に渡るトラウマ」となってしまっている。今なら、さしずめ「パワハラ・アカハラ」による「PTSD」だろうか。

R先生は、当時「黒ぶちメガネ」をかけていた。私はいまだに、道を歩いていても、テレビを見ていても、「黒ぶちメガネ」の女性が現れると、ゾクッとしてしまう。当時の恐怖が、フラッシュバックしてくるからだ。他にも、まだある。声だ。女優の「S・K」の声がR先生にソックリなので、テレビでその声を聞くと、私は凍りついてしまう。この「トラウマ」の消えることは、決してないだろう。

小学六年生のピアノの実技試験で、私は10点満点中の6・8点だった。M先生は7点をつけてくれたが、平均点が成績となるので、弱小派閥の生徒はこんなものなのだ。同じ試験で、トップの子は9点だった。同じ頃、S君は「全日本学生音楽コンクール」の小学生の部で入賞している。いよいよ、私がピアノ科にいることが難しくなってきたのは、言うまでも無い。

そして、中学一年生。試験で弾く曲を「月光の三楽章」にと（当時、とてもベートーベン好きだったので）自ら志願した私を、試験の一週間前、M先生は派閥のドン（H先生）の所へ連れて行った。H先生の指導は「速い曲なんだから、とにかく死に物狂いで速く弾け！」だった。その通りに試験で弾いた私は、玉砕してしまった。H先生が他の先生方に「あれは、私の指導が間違っていました」と説明してくれたが、時すでに遅し。私の成績は、点数ではなく「要注意」と押された判子のみだった。音教のピアノ科に、私の居場所は無くなっていた。

私にとっての悲劇は、それだけではなかった。「要注意」の原因をM先生の指導力不足と断定した偉い先生方が、こちらの意向などおかまいなしに、先生を代えろと言ってきたのだ。そうしなければ、音教卒業も音高入学も保証出来ないと。当時、音楽以外の進路は考えられない私に、選択の余地も抗議の術も残されてはいなかった。私には音教卒業までという条件でF先生（当時のナンバー2）が名乗りを挙げ、M先生とは引き離されてしまうことになる（M先生は立場上、蚊帳の外に置かれていた）。「自分の至らなさのために、M先生を悪者にしてしまった。」この辛い思いは、一生持ち続けることだろう。同じく、中学一年生の時、音教で初の「学年統一テスト」が行われた。和音に関するものだったのだが、このテストの結果は、音教に激震をもたらしてしまう。なんと、平均点でB組がトップ、続いてC組。我がA組は、三位になってしまっていたのだ。R先生の怒りと狼狽ぶりは、半端ではなかった。

私は100点だった。それを知って、A組の教室で前列にいたVさんが私の方へ振り向いた。「栄太変君、100点だって。おめでとう！」私はそれまで、マセガキ連中の「見た目の評価？」をしたことが無かった。そんな余裕は無かった、というのが実際のところだが。その時、初めてVさんが「かわいい」ということに気づいたのだった。「私の100点を喜んでくれた。ひょっとして、私に気があるのかもしれない……」もしそうだとしても、他のマセガキ連中に嗅ぎ付けられれば大変なことになる。私は、自分の気持ちをしまい込んだ。事実は、単に「女の優しさ」だったと知る（本人に確認した）のは、それから二十年余り後のことだった。

全部で五回行われたこのテストで、私は合わせて500点満点中の499点。学年トップだった。結局、A組は平均点でトップになることは無かったはずだ。T学園の教職程の講義の中で、音教でも長年指導していたO先生は、こう話していた。「子供に教える時、忘れてはならないことがある。女子は、わからなくても、先生がわかったかと聞けば、わかったと答えるものだ。男子は違う。自分が納得するまで、決してわかったとは言わない。」

ある意味、R先生も被害者だったのだろう。A組のマセガキ連中の「わかった」を真に受け、もっと高度なことを教えようと突き進んだ結果、足元をすくわれてしまったのだ。それまでの「やっかみ」もあってか、他の先生方のR先生に対する風当たりが強くなっていった。

そんな中で、考えたことがある。ピアノ「要注意」と和音（音楽理論）「学年トップ」。これで、私の進路は決まった。もう「作曲」しかない。小学校高学年の頃から、ピアノの練習より即興でメロディーを作りながら飽きることなく弾き続けるのが好きだった私は、R先生から個人的に和声学を学び始めた。

中学一年生も終わる頃、一枚のプリントが配られた。次週に行うという、ソルフェージュ試験の課題だ。それまでに、よく予習してくるように、ということだった。声変わり以来、すっかりソルフェージュ嫌いになっていた私は、予習を全くしなかった。試験が始まった。会場に入った私は、課題を上から下まで眺めていた（初見には少々自信があったので、一度見れば何とかなるだろうと考えたからだ)。試験官が言った。「もう、ちゃんと見てきたんでしょ。早く歌いなさい。」私は、正直に答えた。「見てませんよ。」

大騒ぎになった。R先生への批判の矛先は、私へと向けられた。怒りまくった先生方は、「こんな態度の悪いヤツは、B組へ落としてしまえ!」と、R先生に詰め寄ったのだ。R先生も、かなり抵抗してくれたようだが、私をA組に残すことは出来なかった。とは言え、A組とB組とでは程度の差がありすぎる。私をB組へ落とせば、一人だけ浮いてしまうだろう(A組でも、浮いていたが……)。とにかく、どうしても私を落としたい先生方は、頭をひねった。結局、A組とB組の人数が少々増えすぎている、という理由でAダッシュ組が新設され、A組の下位数名とB組の上位数名、プラス私がそこへ移動することになった。「ソルフェージュの成績が悪かったわけではない。ちゃんとソルフェージュを歌うようになったら、A組へ戻してあげる」と因果を含められて……小学三年生以来、私にとって、ピアノ以外では初めての「降格」だった。

成績で落とされたわけではないという事実に、私は一つの決心をする。「授業では、二度とソルフェージュは歌わない!」これは、いわば「男の意地」だった。8Aダッシュ組(音教では中学まで続けて数えるので中二は8となる)は、あまりに程度の低いクラスだった。例えば、聴音問題だ。通常、問題は16小節の曲で、先生は最初に一回通して弾く。
次に、頭から4小節ずつ、みんなが書き取れるまで（概ね4〜5回）弾いていく。そうして、やっと問題は終了する（他のみんなが、書き終わる）。私は、最初の一回通しの時点で、ほとんど全てを書き取っていた。あとは、手持ち無沙汰で「まだ、みんな書けないの？」というような「演技」をしていた。もちろん、私を落とした先生方への「抗議のパフォーマンス」だ（その当時、出された問題が、大学の授業でも使われていた。本当に出来る子供に早期教育は必要無い、という私の持論は、この事実から来ている）。

そして、ソルフェージュ。先生が、いくら歌えと言っても、私は頑として応じなかった。二ヶ月も経った頃だろうか。担当のS先生が、他の先生方に泣きついた。「彼は出来すぎる。私が教えられることは、何もありません。彼をA組へ上げて下さい！」と。こうして、一度たりともソルフェージュを歌わぬまま、私はA組に「復活」した。

復活初日。ソルフェージュになった。歌おうとしない私に、R先生は言った。「歌わないなら、またAダッシュへ戻ってもらうことになるわよ！」すでにR先生から和声学を学び始め、他に有力な先生を知らない私には、その恫喝に負けて歌うしか術は無かった。「男の意地」は、ズタズタにされてしまったのだ。なぜ、こんな目にあわなければならないのか。今の世なら「人権侵害」だろう。この屈辱感を、私は忘れたことはない。

話を変えよう。中学二年生の時、学校同士の合併があった。私のいた「A宕中学」と「K芝中学」だ。「O成門中学」となり、新たに出来たクラスの中で、私はK芝中から来た女の子に一目惚れしてしまう。彼女（Hさん）も、ピアノを弾いていた（いわゆる、趣味の類だったが……）。そのHさんには、Gという彼氏がいるというウワサがあった。Gも、ピアノを弾くヤツだった。「Gのヤツ、Hとピアノの連弾なんかでデレデレしやがって・・」という話も聞こえてきていた。そんなある日。旧K芝中の使者？が私のところへやって来た。Gが音楽室で呼んでいるというのだ。どうやら、私がピアノを弾くことを知り、学校同士の対抗意識もあって、どちらが上手なのか決着をつけよう、ということになったらしい。あまり気乗りはしなかったが、私は「恋敵？」の待つ音楽室へと向かった。

音楽室には、Gと、その取り巻きが数人いた。Gは「先にオマエが弾け」と言う。仕方なしに、私は「月光の三楽章」を弾いた。音教の試験の時と同様、悲惨な出来だった。少なくとも、私はそう思った。しかし、Gたちの反応は違っていた。曲自体の持つ迫力に、圧倒されたのだろうか。なぜかGたちは、すっかり「戦意喪失」状態になっていたのだ。取り巻きたちが「次は、オマエの番だ」と、Gを促す。Gは、鍵盤に指を前後させていたが、その指は細かく震えていた。やがて、一音も曲を弾かぬまま、Gは椅子から立ち上がり、私の肩に手を置いてこう言った。「ま、お互い、これからも頑張ろうな！」Gの、精一杯の虚勢だったのだろう。私は、無言でうなづいた。「勝った！」

私は、心の中で叫んでいた。だが、音教で「要注意」となり、「ピアノ科クビ」レベルの私が、素人相手に勝ったとしても、それに何の意味があるというのか。これまでの人生で、こんなに「虚しい勝利」の経験をしたことは、他にない（皮肉なもので、Hさんの意中の人はGでも私でもなく、後に「慶応ボーイ」となるK君だったというのは、ここだけのヒミツだ）。

これもまた、中学二年生の時のこと。東京都の主催で、都内の中学を集めた「合唱コンクール」（と言っても、順位は付かない）があった。上野の文化会館の大ホールが会場だ。〇成門中は二曲歌うのだが、ピアノ伴奏者は旧A宕中と旧K芝中から一人ずつ出すことになった。旧A宕中は、私だった（残念なことに、旧K芝中は、Hさんではなかった）。音楽の先生は私のレベルを知っていたので、私の担当する曲には「カデンツァ」（独奏）のあるものを選んできた。かなり難しい曲で、なかなか完璧には弾けない。練習中、歌う側に選ばれたGが、私がミスタッチをする度に「冷たい視線」を送ってきた。「それなら、オマエが弾けよ。弾けるものなら……」という言葉を、私は飲み込んだ。

蛇足だが、この時、音楽のテストに、この曲の歌詞が出た。歌うことのなかった私は、歌詞をちゃんと覚えていない。結果は、83点だった。このことは、小・中学校の音楽のテストで100点以外が無かった私の、唯一の汚点となっている。

本番になった。途中の「アルページョ」(分散和音)の最終音を外してしまったが、その他はそこそこうまくいき、最後のカデンツァを弾き始めた。高音から順番に降りていくところで、会場から「ウオー!」という声が聞こえてきた。そして、トリル。間髪をいれず、数オクターブに及ぶ白鍵の「グリッサンド」(指を滑らせて弾くこと)。うなり声は、歓声へと変わっていく。その歓声の中で、最後の合唱となり、曲は終わった。

いやあ、大ホールで弾くのって、本当に気持ちいいもんですね。どうして、突然こんな話題を出して来たのか、説明しよう。音教のマセガキ連中は、それなりにピアノ演奏のレベルが高いこともあって、小さい時から色々なコンクールに参加している。その成績はともかくとして、連中の自慢は「〇〇ホール」で弾いたことなのだ。そこで、私も「文化会館の大ホール」で弾いたという見栄を張ってみた次第だ(あえて、伴奏でと言わないのがミソだが、この程度のウソは連中もついている。名称が「〇〇ホール」でも、大ホールと小ホールがある。連中は小ホールで弾いたとしても、決して「小」とは言わないのだ)。

もうひとつ、中学でのことを思い出した。中学一年生から二年生にかけて、A組では、曲の分析をすると同時にその形式を使った作曲をする、という授業をしていた。ベートーベンの「悲愴」が大好きだった私は、その形式を真似て、序奏のついたソナタを含む三楽章の曲を作った。その曲が、私は参加しなかったA組の「合宿」のコンテスト?で「一等賞」になってしまう。代理で弾いてくれた三人の子に「お礼」をしたいが、女子の好みがわからないという理屈をこじつけて、私はHさんに買い物の助言を頼んだ。それは、最初で最後のHさんとの「デート」だった。

それから間もなく、音教の授業の時間外に、A組の作曲の成果を発表するという会が開かれた。下位の曲から作曲者自身によって弾かれていき、最後は一等賞の私だ。自分の腕前以上に難しい曲だったので、何ともお恥ずかしい演奏になってしまった。だが、ギャラリーは、一等賞をとったのが音教では珍しい男子ということで、感心していたようだ。

演奏が終わると、意外な人が私に話しかけてきた。なんと、O成門中の数学の先生だ。娘さんが、音教にいて同じ学年だと言うのだ。音教ではクラス同士のつながりが希薄で、他の組のことはピアノのS君のように優秀な例外を除けば、何も知らないのが普通だ。先生は言葉を濁していたが、娘さんは、かなり下の組のようだった（優秀であれば、ウワサに上っていたはずだ。私は、その名前を聞いた覚えは無かった）。音教のレベルなら一番下の組でも、普通の学校では音楽の授業で優秀な成績をとることが出来る。

おそらく、先生は中学で校歌の伴奏をする私を見て「ウチの☆☆ちゃんは、T学園の音教に行っている。あんなのとはレベルが違う。」と思っていたのではないだろうか。それが「雲の上」と呼ばれていたA組で、しかも作曲で一等賞をとっていたのが、その「あんなの」だったわけだ。先生の驚きは、察するに余りある。先生は私の母親に「息子さんは、結構な趣味をお持ちのようで……」と言っていたそうだ。その後、私の数学の成績が、試験の点には関係なく下がったような……気がしないでもない。

私の在籍当時、音教は中学二年生までだった。中学三年生には「夏季講習」がある。だが、A組の生徒には無用だった。なぜなら、A組の生徒は全員が卒業時に「優等賞」をもらっていて、「夏季講習」の目的とする高校受験での科目が「試験免除」になるからだ。ピアノ科での卒業に難色を示された私は、その当時、まだ力のあったR先生とナンバー2のF先生に師事していたこともあって、「聴音ソルフェージュ科」という、それ以前も以降も無い、もちろん音教の誰もが聞いたこともない私一人だけのための、いわば「でっち上げの科」の専攻ということで、何とか卒業出来た。それでも「優等賞」は、私のものだった。「ピアノ科クビ」でも、SHMと音楽理論ではトップクラスなのだから、当然と言えば当然のことだ。そう強がってはみても、「ピアノ科クビ」の挫折感や劣等感の消えることは無い。私は、いまだにそれを引きずりながら、生きている。

以上が、私の「音楽教室」体験だ。子供の頃からの、壮絶な弱肉強食の世界。音教は「虎の穴」だった。R先生は、よく「A組の仲間」とか「A組の友達」という言葉を発していた。同じ修羅場をくぐり抜けてきた「同志」であることは認めるが、少なくとも私にとって、あのマセガキ連中は「仲間」でも「友達」でもない。連中にとっての私も、同様だろう。結局、私は「タイガーマスク」にはなれなかったのだ。

♪受験戦争一勝一敗

音教を中学二年生で卒業した私は、進学先を決めることになった。T高校の音楽科なら、音教でもらった「優等賞」のおかげで一部「試験免除」になる。ピアノ科は無理だが、音楽理論科（当時T高校に作曲科は無かった）なら入れるかもしれない。しかし、R先生は「入れるかどうかは、わからない。」と私を牽制していた。後にわかるのだが、R先生は陰では私のことを「自分には、すごく優秀な弟子がいる。」と自慢していたらしい（それなら、直に本人に言って欲しかった！）。R先生は、私の性格を見誤ったのだろう。不安になった私は、第二志望を探すことになる。

私立なら、K高校かM高校だろうか。かなり有名ではあるが、音教のレベルからすると見劣りするのも事実だ。問題なのはK高校で、なぜかK音大もそうなのだが、T学園をライバル視しているのだ。T学園では相手にしていない（同レベルとは思っていない）にもかかわらず、特に、先生方の一方的な対抗心には強烈なものがある。そのせいで、後日、私がピアノを教えていた子がK音大に進学した時、まわりから「T学園出身の先生だと成績を落とされる」と脅かされ、手放さざるを得なくなったことがあるくらいだ。

T高校以外の私立は、候補から消えた。

公立では、レベルからみてG高校しかない。普通教科が心配だが、絶対に無理というわけでもなさそうだ。ちなみに、中学三年生当時、私はクラスで（学年ではない）三番だった。一番のヤツは早稲田へ、二番のヤツは慶応へ、それぞれ進学している。三番がG高校なら、それも面白いかもしれない。試験日がT高校より早いこともあって、私はG高校の入試に挑戦することにした。実はピアノのF先生がG大出身で、私のG高校受験に難色を示していたのだが、T高校に不安があったので、何とか押し切った末のことだった。


G高校作曲科の一次試験が始まった。和声学の問題だ。さすがにレベルが高い。私は、そのレベルの高さに刺激され、持てる力をフルに出し切るべく頑張った。学部長と名乗った人物が、私の答案と私の顔とを交互に見て、驚きを隠せないでいた。問題は持ち帰れたので、私は記憶していた答えを書き込んでR先生の家へ持って行った。当時、まだ師事していなかったが、御主人のY氏がその答案のチェックをしてくれた。「G高校も、何を考えているんだろう。中学生相手に、こんな難しい問題を出すなんて……」その問題に対して、私の答えはほぼ完璧だった。二ヶ所だけ、理論的に問題は無いものの、あまり好ましくはない音の進行があるのみだったのだ。もちろん、一次試験は合格だった。

二次試験になった。まずは楽典（音楽理論）だ。私は、あまりのレベルの低さに驚いた。音教の小学校高学年なら、スラスラ解けそうな問題ばかりだ。一時間の問題の答を五分で書き終えた私は、前に座った女子の背中を眺めていた。続いて聴音だ。これにも、驚かされた。問題の前に出題者が「これが、ドレミです」と、ピアノで音階を弾いてみせたのだ。

音教では、すぐに問題が弾かれ、「調性」と「拍子」は自分で聞き取るのが当たり前のことだった。G高校には、ピアノの音の高さもわからない人がいるのか……そんなわけで、聴音も楽勝だった。次はピアノ演奏だ。「ピアノ科クビ」とは言え、音教では「中の上」（ちょっと見栄を張ってみた）レベルだった私は、これも何とか無事に終わらせた。二次試験も合格だった。

最後の三次試験だ。普通教科が三科目だった。これは、音楽関係とは違って自信は無かった。そして、運命の「面接」になった。面接官は言った。「君は、体育の成績が1だが、これはどうしてなのか？」――私には、生まれつきの「障害」がある。膝の関節の奇形（発育不全）だ。それまでに「カ〇ワ」と言われたことは、何度もある。「あいつの歩き方がヘンなのは、注目を浴びたいからだ」等と、心無い陰口を叩かれたこともある。歩くのにそれほどの不自由は無いが、中学卒業まで、過激な運動は医師から禁止されていた。当然、体育の授業は見学のみだったので、成績は三年間通して「1」だったというわけだ。私は、事情を説明した。

「では、高校生になっても、体育は無理かね？」「多分、出来ないと思います。」

次の面接官の言葉を、私は決して忘れない。

「これからの音楽家は、音楽が出来るだけでは駄目なんだ。運動もちゃんと出来なくては……」――私は、言葉を失った。身体に障害がある者は、音楽をしてはいけないのか。する資格が無いというのか。三次試験は不合格だった。

結果を知り、納得のいかなかった中学の担任のI先生は、G高校へ理由を聞きに行ってくれた。心配していた普通教科は、スレスレのラインだった。不合格の理由は、ただひとつ。「面接での態度」。それだけだった。

おそらく、G大出身のF先生に師事ということで、T学園から「道場破り」に来たとでも思われたのだろう。試験の成績では落とせないので、怒らせて反応を見たのかもしれない。私は口答えはしなかったが、ムッとしたことは認める。しかし、だ。では、あの面接官の「障害者差別」発言に、いったいどう反応すれば良かったのだろう。わかる人がいれば、教えていただきたいものだ。

G高校不合格で後の無くなった（都立普通の二次試験はあったが）私は、気を取り直して、T高校の試験に臨んだ。こちらは、順調に進んでいった。面接になると、面接官の一人だったY氏が、私の手にした譜面を見つけ「それは何？」と聞いてきた。「自分で作った曲の譜面です。」「それは面白い。ちょっと弾いてごらん。」

タネを明かせば、Y氏から事前に譜面を持って来るようにと言われていたのだ。いわゆる「出来レース」だ。まだその当時は、Y氏もT学園で力を持っていたので、こんなことが出来たのだろう。私は、T高校の音楽理論科に合格した。

合格を〇成門中へ報告に行った時のことだ。私は「文系」の先生とは、なぜか相性が悪いらしい。中学二年生の時の国語の先生は、下らない駄洒落を言うことが多かった。ある時、あまりの馬鹿らしさに、私は「嘲笑」した。先生は怒り、職員室へ戻ってしまった。仕方なく迎えに行った私に、先生は言った。「おまえは、なんていうヤツなんだ。今までだって、態度の悪いのは大目に見てやってきたんだぞ。成績だって、3をつけてやってるのに。」「そんなことで、恩に着せてくれなくてもいいです。」私の国語の成績は「2」になった。

三年生になって国語の先生は変わったのだが、「申し送り」があったらしい。最初から私のことは「不良」扱いだった。二学期も終わる頃、そのZ先生は国語の授業中に、こんな話を始めた。「私の知っている子がT高校に行っている。T高校のレベルは高い。受験の時は傍から見ていても大変熱心に勉強していた。そのくらい努力しないと、とてもT高校には入れないだろう。」――中学三年生の後期になって「生徒会長」を買って出るような私に対して、揶揄してみせたのだろう。これには、私ではなくクラスメートたちが激怒した。「Zの野郎、おまえがT高校を受けると知っていて、当てこすりしやがった。俺たちが抗議してやる!」

私は、不思議と冷静だった。「まあまあ。いずれ、わかるさ。」全国統一模擬テストの国語で学年最高の93点を取った私に、Z先生のつけた成績は「3」だった。

三年生の担任全員が待つ教室へ、私は入って行く。「T高校に合格しました。」――他の先生方が口々に「おめでとう!」を言う中で、Z先生だけは仏頂面をして横を向いていた。こうして、私の高校受験は終わったのだった。

そうそう、マセガキ連中のことを忘れていた。もちろん、連中もT高校へ進学した。ただ一人を除いて……Nさんは、かつて私がR先生のクリスマス会でピアノ演奏を聞き、驚かされた子だ。そのNさんのお母さんは、音教には珍しい常識的な人だった。ある時、レッスンの時間と学校の運動会の時間が重なってしまった。義務教育の間は、そちらの行事を優先させるべきと考えたお母さんは、担当のT先生に時間の変更をお願いした。

T先生の答えは「学校の行事など休んでくればいい。」だった。それは出来ないということで、その場は時間をずらしてもらったようだ。その後、何かにつけ「学校の方が大事なんでしょう?」とイヤミを言われ、レッスンは滞りがちになった。高校入試で、Nさんのピアノの成績は「あと少しで合格」ラインだった。当時、T高校でそれなりの力を持っていたT先生が、一言添えれば合格出来ていたのだ。だが、T先生は動こうとはしなかった。

入学してから知るのだが、T高校では浪人や留年が当たり前だった。Nさんも、浪人しての再挑戦が出来たはずだ。それをしなかったのは、マセガキ連中がいたからに違いない。もし、一年後に入学出来たとしても、連中の格好の餌食になるのは火を見るより明らかだ。連中の「冷笑」や「陰口」が、いつまでも続くことになっていただろう。それから半世紀あまり。Nさんの消息を、私は知らない。

♪「君は一本」あなたは？

無事に高校受験も終わり、晴れて入学となった頃。私の母親が、マセガキの母親から妙な質問をされたそうだ。「入学するのに、総額でいくらくらい払ったの？」

母親は質問の意図がわからず面食らったようだが、特に隠すことでもないので（入学金等は誰でも知っているはず）、こう答えた。

「入学金やらなんやらで、四十万円ちょっとだったわ。」

すると……「そりゃあそうだ。ウチもそれだけ。A組だったんだから余分に出すわけないよね。」

この二年前、T学園ではちょっとした騒動が起きていた（後にピアノ科の先輩から聞いた話で、当時の私は全く知らなかったのだが）。それ以前から、合格するには実力不足の生徒に対し、学園側から保護者面談の時に提案（お伺い？）があったということなのだ。

「お宅は、何本なら出せますか？　この成績だと○本は必要になりますね。」

お察しの通り、一本というのは百万円のことだった。合格スレスレなら一本、かなりお寒い成績だと二本以上。半ば公然の制度として、昔から続いていたようだ。だが、その年「学生ホール」に集合し面談の順番を待っていた父兄の中の誰かが、おもむろに立ち上がった。

「入学金以外の裏金?を出せというのは、納得がいかない。」――賛同する父兄が次々に立ち上がり、全員で職員室まで押しかけ「大衆団交」に、という事態が起きてしまったのだ。学園側は、その勢いに飲まれ、その年度で制度は廃止となった（あくまで、建前上は……かな）。おそらく、その後も水面下で制度は存続していた。だからこそ、ごく自然に冒頭の質問が出てきたのだろうと私は思う。

　制度がいつまであったのか、今でもあるのかは私にはわからない。最近では「国の助成金」目当てで、とんでもなく程度の低い者も入学させている。助成金には人数の枠があるので、少数精鋭というわけにはいかないとの話も漏れ聞くので、逆にもうなくなっているのかもしれない。ただ、先生方は結構な高給取りなので、それに回すことはありそうな気もする。ちなみに、私の未確認情報では十数年前の時点で「T学園短大のピアノ科講師で年収一千万円」、「音教の室長で年収二千万円」（噂を本人に確かめたら、否定はしなかった）、「T学園の学長の退職金は一億円」――こんな感じだった。その分で「ちゃんとしたホール」でも建設してくれれば良かったのに。これは業界?なら有名な話で、私が在学していた頃からT学園には「ホール」がなかった。学園内での演奏会の会場は、大教室か同じ敷地内にあった女子高の講堂を使用していた。当然、他の音大からは馬鹿にされていたものだ。

♪「チー坊」との出会い

私の入学したT高校の正式名称は「T女子高等学校音楽科」だった。もちろん、普通科は女子のみで、音楽科は共学ということだ。それでも、中学の同級生の男子連中には「いいなあ」と言われていた。実情は、そんなに甘いものではなかったが。

私のいたC組（音教のような能力順ではない）は、三つあるクラスの中で一番居心地が良かった。これは、オーケストラ関係の科でも特に「下品」な「管・打楽器」の人間がいなかったからだろう。マセガキ連中の大半もいたが、私は、なるべく関わらないようにしていた。連中の性格の悪さは変わらずで、R先生のスパイとして学校での私の行動を逐一報告していたようだ。「彼も、大分クラスに馴染んできています。」――全く、大きなお世話だ。

四〇人弱のクラスで、男子はたったの四人だった。ピアノ科のS君がいた。それにJ君も。もう一人のA君は、最初の頃、何度か私たち三人で昼食に誘ったのだが応じてくれず、あまり話をすることは無かった（同窓会名簿では「所在不明」になっている）。

休み時間になると、誰からともなく教室のピアノの前に集まる。譜面が置かれ、順に初見で弾いたりする。あるいは、リクエストに応えることもある。音楽学校では普通のことかもしれないが、私にはとても新鮮で素敵なひとときだった。

人生の中で、私の高校時代は「癒し」と「休息」の時だ。音教での戦いの日々から解放され、ピアノ科の呪縛からも解き放たれたのだ。ピアノのレッスンはあったが、それは「理論ピアノ」と言って、ピアノ科に準じるものの、それ程ハード?なものではなかった。担当になったのはW先生だ。とても優しい、兄貴のような人だった。後の生徒が休みで時間があるときなどは、音楽やそれ以外の話にも辛抱強く付き合ってくれた。私は、自分が教える立場になったら、絶対にW先生のようになるんだと心に決めたのだった。

私が好んだのは、音教出身ではない地方から来た女子たちと話をすることだ。彼女たちは「お嬢さん」育ちであり、ほんわかとしたオーラ?を出していたからだ。それは、音教のマセガキのギスギスした感じとは、まるで正反対のものだった。

「お嬢さん」は、浮世離れしていた。学期中、突然一週間くらい学校に現れなくなる。もちろん、病気などではない。ヨーロッパのコンサートへ行っていたのだ。あるいは、ヨーロッパの有名音楽家のレッスンを受けていたりもした。そんなことが年に何度もあった。裕福ではない家に生まれた私には、とても考えられないことだった。

とりとめのない話の中で、私は同じクラスに年上の女子が三人もいることを知った。

「高校浪人」をして入って来たわけだ。わかった後でも、彼女たちは私の意識の中で「同級生」であることに変わりは無かった（つまり「お姉さん」でも「負け組」でもない、ということだ）。男子の先輩の中には、留年二回などという猛者もいた。T高校では、よくあったことなのだ。

二年生になった。私は、理論科の後輩に声をかけられた。彼は、私と一緒に受験をしていた。一浪し、同い年の後輩となった彼は、私に「敬語」を使うのだった。そんな必要は無いと言ったのだが、結局、大学を卒業するまで、この敬語口撃？は続くことになる。

秋には文化祭があった。その中のクラス対抗合唱コンクールで、私は指揮をした。結果はヒミツだ。私の一番モテていた時期だろう。だが、それも長くは続かなかった。相変わらず地方出身の女子たちと話をしていた私は、とんだトラブルに巻き込まれてしまう。私は、女子グループの中の一人に淡い恋心を抱いていた。それを知ったマセガキの一人が、なんと「横恋慕」をし、その彼女に「オマエが彼を誘惑している」と、言いがかりをつけだしたのだ。彼女は私を避けるようになる。私は、それまでの人生経験？から「沈黙」の道を選択した。おそらく、彼女にしてみれば、私の態度は「不誠実」に思えたのだろう。後日、私は関係の修復を試みたが、彼女の心が戻ることは無かった。もういい。同年代の女などコリゴリだ。年下の兄弟がいない私の中で、「妹のような女の子」

への憧れが、急速に拡がっていった。

その年の暮れ。家で一人留守番をしていた私は、テレビの電源を入れた。見ようと思った野球中継は、雨で中止らしい。仕方なくチャンネルを回していると、テレビドラマが目に入ってきた。

「おい、チー坊!」――そのドラマのことは、すでに知っていた。新聞のドラマ評では、なかなか良いようだ。しかし「達者な子役」という表現に「じゃあ、こまっしゃくれたガキに違いない」と思った私は、それまで見ていなかったのだ。その少女を一目見るなり、私は恋に落ちた。そう、その少女とは「パパと呼ばないで」に出ていた「杉田かおる」(当時7歳)だ。毎週、テレビでチー坊を見る度、私の中で「なんとかして会いたい!会って話をしたい!」という想いが募っていく。

翌年の二月頃だっただろうか。意を決した私は、日本テレビへ電話をかけた。

「あの、パパと呼ばないでに出ている、杉田かおるちゃんって子がいますよね。出来れば、連絡先を教えていただきたいのですが……」

「では、担当の者に代わります。」

担当者が電話に出た。「話は聞きました。どうして連絡先を知りたいのですか?」

「なかなかいい子みたいで。ちょっと興味がありましてね。」

「わかりました。それでは住所をお知らせしましょう。杉並区…………」

私の声が大人びていたのか、妙に落ち着いていたからか、通常であれば絶対に明かさないという自宅の住所を、担当者は教えてくれた（本来は、所属している劇団を教えるそうだ。後日、彼女の家で見たファンレターの中に中学の先輩が劇団宛に出したものがあった）。

高校入学と同時に体育の授業が解禁になった私は、治る見込みの無い膝の関節を痛めつけるという半ばヤケクソ的な動機から、自転車に乗り始めた。いったんハマると止まらなくなる私は、その頃には、ほとんど毎日自転車に乗っていた。

杉並区なら、当時私のいた港区からT高校との間だ。私は、近所の交番で住所を確かめ、行ってみた。最初は、場所の確認だけだった（今なら、ストーカーだろう）。その後も何度か家の前まで行き、近所のチー坊と同じ年頃の女の子に話を聞いたりもした。

そして、高校三年生の夏休みのある日。私は決心した。「今度は、会って話をするんだ。」

——自転車に乗った私は、小一時間でチー坊の家の前に立っていた。

呼び鈴を押すと、年配の女性が顔を出した。

「どちらさま？」

「あの、杉田かおるちゃんのお母様ですか？」

「そうですよ。あなたは？」

私は、T高校の生徒手帳を水戸黄門の印籠のようにして、お母さんに差し出した。

「ボクは、こういう者です。決して怪しい者ではありません。」――お母さんは、半信半疑のようだ。私は、必死に話し続けた。

「実は、子供向けの曲を作っていまして、で、おたくのかおるちゃんをテレビで見たんですが、なかなかいい子みたいで、出来ればお話をさせていただきたいと思いまして……」

お母さんは、微笑んだ。

「いいですよ。」

そして、家の中へ呼びかけた。

「かおるちゃん。このお兄さんが、お友達になって欲しいんだって。」

夢にまで見たチー坊が、私の目の前に現れた。――「お兄ちゃんは、誰ですか？」

その後の数十分間は、至福の時だった。電話番号を教えてもらい、再会を約束した私は、ルンルン気分で帰途についたのだった。

チー坊に会うまでの私には「心の重荷」があった。小学校の四年生から六年生まで、担任は今で言う「パヨク」だった。勉強は「みんなで助け合う」などと言い、自分は無断欠勤をして地方の選挙へ野党の応援に行くような「腐ったヤツ」だったのだ。正義感の強い私の父親は、そんなヤツをＰＴＡの集会で、いつもやり込めていた。あくる日になると、ヤツは「クラスの団結を乱した」という言いがかりを私につけ「自己批判しろ」とわめくのだ。そんなことが、幾度となく続いていた。

ヤツの腐り方は、それだけではなかった。ここには書けない理由でクラスの半数以上の女子をスパイに仕立て上げ、私を仲間外れにしろという指令を出したのだ。私と話をした男子は、スパイの女子によってヤツに密告された。男子はヤツに呼び出され、決して話をするなと脅された。私は状況を察し、そのことへの抗議もした。ヤツは言った。

「おまえの言うことは被害妄想だ。ひょっとして、精神を病んでいるのではないか？」

私は悩んだ。スパイの大半は同じ公立中学へと進学し、今度は陰口で私の「初恋」の妨害をもするのだった。仲間外れの「真相」を知ったのは、高校一年生になってからだ。かつての同級生の男子から、謝罪とともに「真相」を告白されたのだ。

その時まで、私は自分が「キ○ガイ」かもしれないという恐れから逃れられないでいた。真相を知った後でも「今まで、そう思い続けてきたことで、実は本当のキ○ガイになってしまっているのではないだろうか？」と、思考は堂々巡りをしていた。やはり、自分は「異常」なのかもしれない。だとすれば「人に好かれる資格は無い。」「(相手に迷惑をかけるので）人を好きになる資格も無い。」――私は、人間不信の暗い生徒だったのだ。

チー坊は、そんな私を「人間扱い」してくれた。私は思った。——「ひょっとして、自分も人を好きになってもいいのかもしれない。」

二学期になった。クラスメートも先生方も、私の変貌ぶりに驚いていた。ある先生は言った。

「君は、ずいぶん明るくなったねえ。どうしてかな？」「チー坊に会ったんだ！」——しかし、ごく親しい友人以外、誰も本気にしてはいなかった。「また、お得意のホラ話が始まったな」——周囲の反応は、冷ややかだった。

人間不信でSF小説好きだった私は、「機械は人間を超える」とか、「コンピューターにも魂は宿る」とか、当時の常識では考えられないようなことを、よく言っていた。これでは、信じろと言う方に無理があったのかもしれない。それでも、私が生まれ変わったのは事実だった。

T高校も含めたT学園では、「政権交代」の動きが始まっていた。R先生はT音大へ移ってしまった。私は、御主人のY氏に師事することとなった。それまで「主流派」だったY氏は「反主流派」になってしまっていた。私は、新たな主流派となった先生から「こちらへ来ないか？」と何度も誘われていた。父親譲りで「義理と人情」の世界にいた私に、Y氏を裏切るようなことは出来なかった。一方でJ君は、それまでのH先生（反主流派）

を離れ、主流派の先生に師事するようになる。私の非難がましい視線に対して、J君は言った。「義理と人情だけですむことじゃない。後々苦労するのは明らかだろう。」――J君は、ある意味正しかった。私はそれを、T学園で痛いほど知ることになる。

新たな主流派の締め付けも始まった。生徒を自宅へ呼んでは飲酒させている、そんな評判の主流派の先生がいた。T高校の生徒なら、誰もが知っていたことだ。その先生が、ある生徒の飲酒を咎め、処分した。なぜなら、その生徒の先生が反主流派だったからだ。憤慨した反主流派の先生は、自分の生徒全員を連れて、T音大へ移っていった。T音大で、ピアノ科のみが突出して優秀な理由は、ここにあるのだ。

締め付けだけではない。主流派に都合の悪いことは、隠蔽したのだ。T高校では、S君も巻き込まれた「リンチ事件」があった。首謀者の担任は、主流派だった。「私が責任を持って処分します。」――結局、何の処分も無かった。首謀者だったチンピラ三人組は、それぞれ出世し、今では某音大の教授や、テレビでも見かける有名指揮者になっている。そんな殺伐とした空気の中、形だけの試験を受け（内部進学なので）、私はT学園へ入学した。

♪人の命より大切なこと

高校生の時、その事件は起こった。――私の父親は、葬儀関係の下請け仕事をしていた。ある日、その父親が仕事先から憤慨しながら帰ってきた。

「全く、呆れたよ。親父が死んだというのに、娘はピアノの練習をしてやがった。」

父親は、音楽に関しては素人だ。しかし、長年私が練習するのを聞いているのだ。弾いていたのが「練習」なのか「鎮魂」なのかの区別は出来る。

亡くなった原因は、事故だった。会社の部下を引き連れプールへ行き、「こうやって泳ぐんだ」と飛び込んだまま、浮いてはこなかったという話だ。長患いで、家族の覚悟が出来ていたというのなら、まだわからないでもない。不慮の事故での急死という事態の中で、ピアノの練習など出来るのだろうか。

私には、ピンときた。「そんな、非人間的なことが出来るのは、T学園の関係者に決まっている。」――父親に、どんな家だったかを聞いてみた。

「○○という家だ。連絡先の電話番号も聞いてきた。これがその番号だ。」

「○○」という名字に心当たりのある私は、高校の名簿を調べてみた。やはり、そうだった。

「○○」は私の同級生で、マセガキ連中の一人だったのだ。

後日、マセガキの親の中では常識的な部類（と思っていた）人に、この話をしたことがある。「ひどい話ですよねえ。急死だというのに、何を考えていたんだか……」

そう言う私に、そのお母さんは真顔で応えた。「だって、あの時はコンクールの本番まで何日もなかったからでしょ。」

賛同を求めた私が、間違っていた。私の常識は、T学園の非常識だったのだ。

♪T学園の「吹き出物」

音大生活、最初の一年間は「家事手伝い」の日々だった。母親が入院していたからだ。かなりの重病だ。幸い、医師から「あと一週間」と言われた程の状態から生還し、今では「一日は十年のことだったかもしれないね。」などと、軽口を叩いている。そんなこともあり、チー坊には何度か電話をしたのだが「居留守」を使われてしまい、再会することは無かった。

その頃には、すっかりT学園の「政権交代」が終わっていたので、反主流派のY氏の弟子だった私に対する風当たりは、いよいよ強さを増していた。

電器屋の次男として生まれた私は、物心つく前から「機械」が大好きだった。一歳にならないうちから、レコードプレーヤーをイジッていたらしい。記憶にある最初に読んだ本は、絵本ではなく機械の本だ。次の本も絵本ではない、鉄道の本だった。

高校での人間関係や「リンチ事件」を通じて、オーケストラに不信感を持っていた私は、

「合奏」を自分一人でやる手段について考えていた。結論は「電子音楽」だった。当時、流行りだしたばかりの「シンセサイザー」で、多重録音をすれば良い。私は両親に「免税のピアノはいらないから、代わりに……」と無理を言って、シンセサイザーと録音機を買ってもらうことにした。

大学二年生の夏休み。また「居留守」を使われてはかなわんということで、私は再び自転車に乗りチー坊の家へと向かった。あちらは、ちょうど出かけるところだったので、玄関先での話となった。

「確か、あなたは作曲をしているのよね？」と、お母さん。

「そうです。子供向けの曲を書いています。そうだ。今度、かおるちゃんに曲を書きますよ。」

「えー、ほんと？」と、チー坊。

「本当だよ。じゃあ、完成したら、電話でお知らせしてから持って来ます。」

私は、死に物狂いで頑張った。機械の能力の限界を痛感しながらも、なんとか曲としてのかたちを作っていった。そして、T学園の十月の作品発表会。私は「かおるちゃんに」という電子音楽（T学園初）の組曲を演奏したのだった。

三度目の正直？で、ちゃんと電話でアポイントメントを取った私は、発表会の録音テープを持って、訪問することになった。曲を聞いたチー坊は、頬を紅潮させるくらいに感激してくれた。音楽をやっていて良かったと思うことは滅多に無いが、この時の私は、自分でも感動していた。「音楽は、人の心を動かせるんだ！」

お母さんの提案で、私はチー坊のピアノ教師となった。在学中、私は二度、チー坊をT学園へ連れて行ったことがある。文化祭と作品発表会だ。私の「チー坊との出会い」を「ホラ話」と思い込んでいた人たちは、目が点になっていたものだ。批評会の時、先輩のRがみんなの前で私に尋ねた。

「発表会に来ていたあの子は、誰？」

「あの子はチー坊。ボクのガールフレンドです！」

数年後、中学二年生になったチー坊は、私にこう言った。

「大人になったら、わたしをお嫁さんにしてくれる？」

「もちろん！」（これは、ここだけのヒミツだ。）

結局、この約束の果たされることは無かったわけだが……

「かおるちゃんに」の作曲で消耗していた私は、次の作品発表会で全く違うスタイルの曲を出した。それまでは「古典派」のようなものばかりだったのだが、「印象派」風にしたのだ。つまり、学長始め主流派（フランスかぶれ）の音に近い感じになっていたわけだ。

発表会の後の批評会で、学長の弟子だった後輩のAさんが、この曲に噛み付いてきた。

「今までとはスタイルが違う。あなたは、こういう曲を書く必要が無い。」

私は言った。

「人の作品のスタイルを決め付けるのは、あまり頭の良いことではないなあ。」

なぜか他の主流派の後輩には受けが良かったので、この発言には彼らが怒ってくれた。

「なんで、ああいう言い方をするんだろう。誰がどんなスタイルで書こうが、自由なはずなのに。」私は、意外と冷静だった。

「彼女は、学長の代弁をしているだけさ。学長の弟子だから、何か勘違いしているんだろうけれど、そのうちわかるようになるよ。」

Aさんは後輩ではあるものの、噂では私と同い年ということだった。某国内有名音楽コンクールの作曲部門で、入賞している才媛？だ（当時、T学園の複数の先生が審査員になったばかりで「お手盛り」との噂もあったが、私は彼女の実力を知らないので、入賞の真相はわからない）。Aさんにしてみれば、自分のテリトリーに土足で踏み込まれたように感じたのだろう。その後も、彼女の私に対する「冷たい視線」は変わらなかった。だが、卒業後、思わぬ再会をすることになる。T学園で電子音楽をやっているのは、私一人だけだった。機械を使うだけに、機能・性能の限界がある。レコードとして出回っているものは、その使用機材が私のものとは値段にして二桁は違っていた。どんなに頑張っても、音の種類や音質では勝負にならない。私は、よく批評会でそのことを力説したのだが、学長以下主流派の先生方は、わかりもしないのに「機械の使いこなしの問題」とか「才能の問題」と話をすり替えるのだった。学生・生徒は、エラい先生の言う方を信じてしまう。だが、私は自分が正しいことを知っていた。

毎回批評会になると、先生方による私への無知で的外れな批判が始まる。反主流派の「シンボル」として、私を「標的」にしていることは、誰の目にも明らかだった。作曲科の学生・生徒の間で、このことは「栄太変イビリ」と呼ばれていた。主流派の後輩には同情されていたが、同じ反主流派の後輩に「いやなら学校をやめればいい。」と陰口を言われていたのを知った時には、少しだけ凹んだこともあった。

T学園には、備品で結構高級なスピーカーがあった。私は、作品発表会の時には自宅から機械一式を車に載せて運び込んでいたのだが、スピーカーはかさばるし重い。しかも、私のものはあまり良い音ではなかったのだ。そこで私は、学生部長（主流派）に備品の貸し出しを頼みにいった。校外に出すのではなく、発表会の時だけでいいから貸してもらえないかと。学生部長の答は、「誰が管理しているかわからないので、貸すわけにはいかない。」だった。

頭にきた私は、次の作品発表会で「本校における電子音楽の現状」と題して、壇上から学生・生徒に向け、この理不尽な扱いを公表した。「自由な文化圏」(学長の決まり文句!)などと言うが、少なくとも電子音楽をやる者にとって「不自由」なことばかりだ。ちゃんとしたシンセサイザーもない。録音機もない。スピーカーはあるのに、貸そうともしない。これでは、やるなと言っているも同然ではないか。

あくる日、学生部長が私を職員室へ呼んだ。「管理者がわかった。」それは、主流派の別の先生だった。その先生は、私にこう言った。「直接言ってくれれば、すぐに貸してあげたのに……」——学生部長は、その後、再び私を怒らせることになる。この一件で「学習」した私は、とにかく目立つようにと心掛けるようになった。このまま黙っていれば、潰されてしまうかもしれないと感じたからだ。私は、作品を発表し続けた。「自由な文化圏」を逆手にとって「前衛音楽?」も発表した。例えば「謎のピラミッドパワー」だ。ボール紙で作ったピラミッドの中に、未使用のカセットテープを入れておく。発表会の時にそれを取り出し、音を聞いてみる。もちろん、何の音も出ては来ないのだが……私としては、「現代音楽」の「何でもあり」という実情を皮肉っていたのだ。内心「こんなもの」と思っていても、「何でもあり」に理解を示さないと「遅れている」と思われそうだ。

それが怖くて理解したふりをする。そんな作曲家の「見栄」を笑い飛ばしていたわけだ。考えてみれば「タチの悪い」学生だったのかもしれない。

「何でもあり」なので、ある時「視覚音楽」と称して写真を撮ることにした。題名は「ピアノのお〇〇こ」だ。チー坊の妹を学校に連れてきて、レッスン室のピアノのまわりで撮影したのだ（あえて言っておくが「ヌード」ではない。念の為）。この作品？は、発表の前に妹を見た後輩が「彼に隠し子がいた！」と騒いだため、お蔵入りとなった（今なら「児童ポ〇ノ作成？」でお縄になってしまうのだろうか）。

では、本題？である授業の話をしよう。

大学ともなると、学年を問わずに参加出来る授業がある。そんな授業の一つに「ＫＢＨ」（キーボードハーモニー）というものがあった。簡単には説明しにくいのだが、ようするにピアノを使って「初見」や「即興」をすることだ。この授業の担当は、Ｇ大出身で在学中には「天才」と言われていたと噂のＡ先生（主流派）だ。Ｇ大系は、「Ｇ大の〇〇」というような「天才話」が多いわりに、首をかしげたくなる人も多い。Ａ先生がどうだったのかは、永遠の謎だ。

余談をひとつ。Ａ先生の奥様は、私の先輩にあたる人だ。なんと、高校生の時にＡ先生に惚れてしまった彼女は、ピアノ科をやめ、Ａ先生の専門である理論科へ転科するために、わざわざ一年留年したという。それで、私と学年が同じになり、高校で同じ授業だったことがある。聴音の問題を作る授業で、彼女の問題の中の理論的な間違いを指摘した。まっすぐ言うのもイヤなので、質問形で「この音は、どうしてこうなのですか？」と聞いてみたところブチ切れてしまい、まわりのみんなもわかる程度の「理論的にメチャクチャ」なことを喚かれた時には、心底驚いた。どうも、あちらが勝手に私をライバル視していたようなのだ。「十年早い」とは、こういう場合に使えばいいのだろうか。

話を戻す。「KBH」は内容が高度だったため、作曲科は必修になっていた。私からすると、音教の「SHM」の延長線上のようなもので、自分はそれなりに出来ていたと は思う。ある時、A先生の弾く16小節の曲を覚えて再現する、ということになった。何度か聞いているうちに曲の音使いのクセを見抜いた私は、全てを記憶し、手を挙げた。A先生に代わって、ピアノを弾く。もちろん「完璧な正解」だった。また、A先生が何度か弾いたところで、次の人が手を挙げた。不正解だった。そして、次の人も……ようやく出た二人目の正解者は、同級生で作曲科のFさんだった（彼女は、この授業で私とほぼ同等に出来ていた。私の認める唯一の「絶対音感」の持ち主だ）。

一番早く正解したことにまわりのみんなも驚いていたが、それまでの授業での出来もあったのだろう、作曲科の先輩Rが授業中にもかかわらず、私に大声で話しかけてきた。

「どうして、おまえはそんなに出来るんだ？」

私は答えた。「さあ、どうしてと言われても……多分、音教で怖い先生に鍛えられたからじゃないかなあ。」

「俺も音教だし、先生も同じだったけれど、おまえみたいには出来ないぞ。」

「じゃあ、ボクが天才ってことかも……」（思わず本音？が出たことは、ここだけのヒミツだ。）

あまり自慢にはならないが、この時の曲を、私は半世紀以上経った今でも完璧に弾くことが出来る。最近は、人の名前すら思い出せないことが多いというのにだ。この曲は、脳の別の部分に入ってしまっているのだろうか。

後日、この先輩Rの名前を、私は思いがけないところで目にすることとなった。ベストセラーになった「絶対音感」という本の中でだ。「絶対音感」を扱ったテレビ番組と同様、ツッコミドコロ満載のこの本に、Rは「絶対音感」を持っているという触れ込みで、登場していたのだ。私は、その瞬間まで、Rが「絶対音感」を持っているとは知らなかった。いや、T学園での授業の出来からして、持っているとは思えなかったというのが正直なところだ。Fさんにも話してみたが、彼女の見解も同じだった。「もし、本当に持っていたとしたら、もう少しは授業で出来ていたはずだよねえ。」

Rには、私たちの気づかなかった優れた能力があるのだろう。最近では、某国内有名音楽コンクールで作曲部門の審査員をしていたようだ。あの「耳」で、いったいどのような「審査」をしていたのかは、大変に興味深いことだ。まあ、審査をするのが「現代音楽」なら、音を聞かなくても（聞けなくても）問題無いわけだが。そんな「大物」に評価されていたというのは、私にとって「名誉」なことなのかもしれない。

授業は、なかなか楽しいものだった。オーケストラ関係のような、偏差値の低い連中がいなかったからだろう。その頃には、音大教授のレベルも良くわかっていたので、少し難しい問題が出ると「先生、まずは模範演奏をみせてください。」などと、挑発していたりもした。Ａ先生の困った様子に、私が言ったことがある。

「どうせ、ボクのことはＴ学園のガンだとでも思っているんでしょう？」

Ａ先生は、こう言った。「ガンは、まわりに悪影響を及ぼすから、ちょっと違うんじゃないかな。君は、Ｔ学園の吹き出物とでも言うべきだろう。いつも、気に障る存在ではあるからね。」

Ｔ学園卒業の時が、近づいていた。「ピアノ科クビ」の私は、その頃になってようやく「ピアニッシモ」が弾けるようになっていた。早い指の動きをあきらめ、美しい音を目指した成果だ。Ｔ学園にしては少々毛色の違う弾き方のＪ君を真似ているうちに、「コツ」がわかったのだ。彼の下宿先の「スタインウェイ」を弾かせてもらうことで、「ヤマハ」との違いも実感出来るようになり、だんだんと弾くのが楽しく思えてくるのだった。

私は、理論ピアノの卒業試験で、大好きな「ラプソディー・イン・ブルー」を弾くことにした（二台ピアノのオーケストラ部分は、後輩でピアノ科のTさんに頼んだ）。音教時代から数えて十六年。初めて「試験を楽しむ」という気持ちになれたのだ。

私は「ブルー」のセーターを着て、試験に臨んだ。それは、もはや私にとって試験では無かった。たった十五分の、唯一無二の「コンサート」だったのだ。私に一番批判的だった主流派の先生は、ニヤッとして言った。

「なかなか良かったんじゃない？　特にオクターブの部分が良く出ていたね。」

師事していたY先生も、良かったと褒めてくれた。「あの出来なら、B^+、いやA^-までいってるんじゃないかな。」

私は、喜んだ。ところがだ。

「今までの点は、どれくらいだった？」

「大体、BかB^-くらいです。」

「そうか。だとすると、今回はB^+かもしれないね。」

音教時代から数えて十六年。私のピアノ演奏に対する評価は、いつでも実際より低かったというわけだ。そして、最初で最後の「奇跡」は起きた。それまでの「イビリ」の罪滅ぼしとでも考えたのだろうか。あの主流派も含めた先生方の評価はAだったのだ。

試験も終わり、後は卒業式を残すのみという頃になって、学生部長に声をかけられた。

「君に、相談にのって欲しいことがある。」――新年度から電子音楽の講義をすることになったのだが、機材にはどのようなものを選べばいいのか、ということだった。私は、それまでの知識と経験から、様々な助言をした。普通では気づきにくい、機械の欠点の指摘もした。一番強調したのは、高価な機械を一台だけ導入してはいけない、ということだ。それは学校の見栄でしかないからだ。その予算で、安価なものを数台導入し、みんなで合奏しながら楽しく学べるようにすべきなのだ。

結局、私への相談は「ポーズ」でしかなかった。とっくに機材の選定は終わっていた。私の卒業後すぐに、高価な機械が一台導入され、G大から電子音楽の講師が呼ばれてきた。

その他の機械も、私が欠点を指摘したものばかりだったのだ。一年後、授業で実際に機械を動かし、その欠点に苦しめられた後輩たちは、かつての批評会での私の発言の正しさと、機械の使いこなしの巧みさを痛感するのだった。

T学園には「研究生」という制度があった。卒業後二年間は、学校に残れるのだ。後輩たちから「いなくなるのは寂しい」と言われていた私は、どうしたものか悩んでいた。

だが、研究生申し込みの締め切り日がわからない。Y氏のところへも、何の知らせもない。

そんなある日、学生部長が私に言った。

「研究生で残るつもりかい?」

「まだ、考えているんですよ。」――その時、すでに締め切り日は過ぎていた。こうして、
私は「追い出されるように」、T学園を卒業した。

蛇足だが、本業?の作曲の成績は、大学の四年間でC、C^-、C、C^-、おそらく、学校始まって以来最低のものだった。

◉第二章　音楽界は本日も「迷走中」

♪「音楽教室」の先生

T学園では大学四年生の冬頃になると、某大手楽器メーカーの音楽教室から便りが届く。「当教室の先生になりませんか？」というお誘いだ。ただ、作曲科だけは内容が違っていた。「当教室の先生の先生（師範）になりませんか？」――作曲科の後輩の友人が「面白そう」ということで、その「師範コース」に参加した時のことだ。先生用の課題を作るようにと言われた彼女は、その中で「ドッペルドミナント」と呼ばれる和音を使用した。

これは、クラシックで使われる和音としては、ごく基本的なものだ。いわゆる名曲であれば、間違いなく出て来るだろう。それも、曲の開始から早ければ4小節目くらいの時点で。ようするに、使用しないで作曲する方が困難と言えるくらいの和音なのだ。何か問題があるとすれば「臨時記号」が必要になることだろうか。例えば、ハ長調のドッペルドミナントには、ファのシャープ（嬰ヘ）を使うというように。

彼女にしてみれば、ごく自然に、複雑でも難解でもないこの和音を使用したのだが、指導教官に注意されてしまった。「こんな、難しい和音は使わないで下さい！」と。某大手楽器メーカーの音楽教室にいる先生のレベルとは、こんなものなのだ。基本の和音が難しい、使わないということは知り得ない、その程度の先生が子供たちを指導しているということだ。その上、別項にも書いたが「私には絶対音感が無い」と公言する先生もいる。それで、どうやって「音感教育」が出来るというのだろう。

私のいたT学園の音楽教室は、少しはマシなのだろうか。様々な話を聞く限り、残念ながら昔の面影は無い。私の学年では「英才教育」に突っ走り過ぎた結果、生徒のレベルが先生より上になってしまった。そのことに狼狽した先生たちは、数年後に訪れたT学園での「政変劇」に乗じて優秀な先生を追放してしまい、行き過ぎた教育に対する反省ということで、全く別の教え方をするようになる。それが、俗に言うハンガリーの「コダーイシステム」だ。指導に「民謡」を取り入れるというところが、当時としては新しいと思えたらしい。そこでレベルの低い先生は、ハンガリーで「民謡」なら日本では「わらべうた」だろう、という極めて単純かつ脳天気な連想で、それを導入してしまった。

西洋の「民謡」なら西洋音楽の音組織で出来ている。クラシック＝西洋音楽の勉強に使用しても、何の問題も無い。しかし、日本の「わらべうた」はクラシックとは音の構造が違う。クラシックの勉強に役立つことは、何も無い。それを知ってか知らずか、「わらべうた」の授業で、和音は使用厳禁になっているそうだ。まあ、単旋律なら多少は何とかなるかと思っていたら、事態はもっと深刻なことになっていた。

私は、見てしまったのだ。T学園音楽教室の「紹介ビデオ」というトンデモ物体を。その中で、先生が生徒に「お手本」として「わらべうた」を歌い聞かせている。なんと、その音程が外れまくっているのだ。ハッキリ言えば「音痴」だろう。もちろん、程度の低い先生は自分の間違いに全く気づいていない。むしろ「ドヤ顔」をしている。ビデオにするということは、音を確認する機会があったはずなのに……にもかかわらず、この噴飯ものの醜態を世間に晒しているのはなぜだ？　私は一人のOBとして、とても恥ずかしいし情けない。

かつてを知るOB・OGが、自分たちの子供を教室に入れてみて、そのレベルの低さに驚くという。「もっと、かつてのようなレベルの高い授業をして欲しい」と注文するのだが「今は、時代が違う」と突っぱねられてしまう。そんな教育を受けた生徒が、次々に高校・大学へと進学しているのだ。当然、T学園本体のレベルも、今では悲惨なことになっている。以前なら「確実に不合格レベル」の弟子が合格してしまい、逆に驚いたという話があるくらいだ。先生は、自分たちのレベルの低さを認めたくないのだろう。「昔も今も、レベルは変わっていない」と言い張っている。

中には、それを真に受ける素直な親もいる。子供の方も、長年レベルの低いところにいたため、自分の真の実力を把握出来なくなってしまっている。そんな勘違い親子と共に、T学園というブランド名？による「エリート意識」だけが、昔も今も、変わらずに存在している。困ったことだが、これが現実なのだ。

このような母校の惨状を耳にして、私はハンガリーで「コダーイシステム」のやり方を学んだ人に話を聞いてみた。その人によれば、元来「コダーイシステム」というのは、出来の悪い生徒のための指導法だ。T学園レベルの生徒に適用するものではない。しかも、T学園の音楽教室のやり方は「コダーイシステム」とは言えない代物だ。上っ面しか知らない者が、名前だけを拝借しているのではないか、ということだった。

つまりは、最初から間違っていたのだ。

少々回り道をしてしまったが、おわかりいただけただろうか。「音楽教室」の先生は、みなさんの想像以上に低レベルだということを。

♪T学園の「伝統」

私がT学園を卒業した年、それは起きた。マスコミにも取り上げられた「T学園初の不祥事」、「リンチ事件」だ。その真相は、報道されたものとはかなり違っていた。これについては、後で述べることとしよう。その前に、明らかにしておくことがある。「リンチ事件」は、決してこの時が「初」ではなかったのだ。

高校生の時だった。文化祭の後で「全校集会」が行われた。私は、そこで「リンチ事件」のあったことを知った。事件のあらましは、こうだ。日頃から、オケ（オーケストラの略）の練習に遅刻しがちな男子生徒がいた。何度目かの遅刻の時、オケの親分S（T学園のオケでは「神様」扱いのドン）が、他の学生に指令を出した。

「おまえたちで、ちゃんと処理しろ!」——親分Sの言うことは、絶対だ。「ちゃんと処理」を「きめる」（T学園の隠語でリンチのこと）と正しく理解した学生たちは、文化祭の期間中に、それを実行に移した。下校時間の後、被害者を地下教室に監禁し「大事な所」（先生談）にカラシを塗ったのだ。しかも、その様子を（当時はビデオが無かったので）

8ミリフィルムで撮影し「上映会」まで開いていたという。私がショックを受けたのは、その内容だけではなかった。

リンチのあった教室は、私のクラスのすぐ隣だった。まさにその時、私のクラスメートの女子が何人も教室に残っていて、その様子を扉越しに聞き、知っていたということなのだ。「知っていたのに、なぜ止めなかったのか。止められないとしたら、なぜ先生に言いに行かなかったのか。」――私の問いに、彼女たち（ピアノ科ではなく、オケ関係の科だった）は答えた。「そんなことをしたら、後で何をされるかわからない。怖くて誰にも言えなかった。」

私は、T学園の「ガン」が「オーケストラ」だということを知ったのだった。その後、被害者を校内で見ることは無かった。実家が関西方面なので、そちらへ帰ってしまったという噂が流れていた。そして不思議なことに、実行犯の処分の話は聞こえてこなかった。

友人のS君が、体育の授業の時「きめられて」しまったこともあった。彼はピアノがとても優秀だったので、逆に目をつけられていたのだろう。理由らしい理由もないまま、彼は先輩のチンピラ三人組から殴る蹴るの暴行を受けたのだ。

彼は「泣き寝入り」をしなかった。先生に一部始終を話したのだ。私たちは先生から呼び出され、事情を聞かれることになった。その前の休み時間。チンピラ三人組は、私たち後輩（目撃者だ）を空いていた教室へ集め「いいな。何もなかったんだ！」と脅迫してきた。私たちは、脅迫に屈しなかった。全てを先生に話した。だが、チンピラ三人組に処分は無かった。

同じ頃、T学園には「鍵問題」というものが浮上していた。オケ関係の「不良」が、レッスン室で「桃色遊戯」（先生談）をしたり、ピアノの中にわざとジュースをこぼしたり、鍵盤にタバコを押し付けたりしていたため、それまで自由に使えていたのを「鍵」で管理するという案が出てきたのだ。

何の思想も持たないが悪知恵だけは働く「不良」連中は、「学生運動」を気取り、「鍵かけ反対」を叫び出した。不良学生は、オケの基本的体質である体育会系の上下関係を利用して、生徒会長（管楽器科）に圧力をかけ、生徒会として反対の決議をさせようとしたのだ。

私やJ君、それにN君（オケの関係者だった）は、そのことに反発し、決議をさせなかった。原因は自分たちにあるのに、鍵かけ反対はおかしいというわけだ。それ以降、私たちはオケ関係の不良学生に目をつけられることになる。しばらくは私たちと行動を共にしていたN君だが、ある時、私に言った。

「自分はオケに所属している。このままでは立場が危うくなる。今までもこれからも、自分はいなかったことにして欲しい。」——もともとN君は、私やJ君のように表立って活動をしていたわけではないので、その時点で「潜る」ことが出来れば、不良学生に目をつけられる心配は無かった。私はN君の立場を尊重した。これからは、彼とは無関係だ。以後、N君と校内で話をしたことは無い。先生方は、私たちを「味方」だと思ったらしい。職員室へ呼ばれ、不良学生の話になった。私は、それまでに感じていたことを先生方にぶつけた。

根本的な問題は、オケの体質にあるのではないか。なぜ、犯人はわかっているのに(リンチ事件も含め)処分をしないのか。「それは、よくわかっている。でも、出来ないんだよ。」私たちの入学以前にも、リンチ事件やレッスン室の問題は起きていた。当然、処分の話も出た。すると、呆れたことに犯人を教えていた先生が「もし処分をすれば、授業をしない」と言い出したのだ。管・打楽器関係の複数の先生が、そう学校側を脅かしたのだと言う。処分の話は、T学園の「売り物」であるオケの存続問題と、天秤にかけられたわけだ。悪は勝った。処分は無かった。誰も、オケ関係の不良学生を止めることは出来なくなっていたのだ。

連中が「リンチ」をする時、必ず口にする言葉があった。「これは、指揮者○以来の伝統だ！」——指揮者Oには、校内の廊下をバイクで走り抜けたとか、教室の壁を蹴破ったというアホらしい武勇伝があるが、「リンチ」の創始者でもあったようだ。

そんなわけで、T学園のオケ関係者の間で崇められている「親分S」と「指揮者O」は、私から見れば単なる「オケという名のヤクザ集団の親分と若頭」でしかないのだ。

先生方は、頼りにならない。不良学生から「月夜の晩だけじゃないんだぞ！」と脅迫されていた私とJ君は、なるべく一緒に下校するようにしていた。私は、不良学生に届くよう、オケ関係の同級生に何度も話をした。「J君には、手を出すな。自分はピアノ科ではないから、腕の一本や二本は折られてもかまわない。そのかわり、そうなったら先生には言わない。すぐに警察へ行って、傷害事件にしてやる。」

幸い、私もJ君も、襲われることは無かった。それでも、不安なく下校出来るようになるのは、大学四年生（最上級生）になってからだった。

では、「初の不祥事」だ。この事件には、伏線があった。被害者の一人である「先生P」は、私と作曲科で同期だった。同期とは言っても、噂ではG大の入試に二度（三度だったかも？）失敗した後、T学園に「拾われた」そうなので、かなり年上だったようだが。そのPは主流派の先生に師事していたこともあり、卒業後すぐにT学園の講師となっていた。

被害者がPと知り、私は主流派の後輩（いわばPの仲間だ）に「取材」した。リンチとは許せない。Pが気の毒だ。だが、後輩たちの反応は意外なものだった。「あれは、やられて当然だ。Pが悪い。」

講師となったPは、新米なのに授業をナメていたという。遅刻は、数知れず。しかも、授業中でも高校生に色目を使うのだ。学生・生徒の評判は、最悪だった。ところが、本人は全くそんなことに気づかないでいたらしい。

脳天気なPは、オケの「合宿」へ進んで参加してしまう。そこで、またPの悪いクセが出た。参加していた高校生を、大っぴらに口説きだしたのだ。それは、まわりの学生・生徒を不快にさせる行為だった。その気のない高校生は、もう一人の被害者？である「先生Q」に相談した。Qは、オケ関係の「番頭（アニキ）」だった。「Pの野郎。調子にのりやがって……」――Qは、手下の学生・生徒に指令を出した。「Pをきめてしまえ！」

T学園の伝統は、健在だった。これが真相だ。報道では「被害者」であり、T学園が関係者にした説明では「リンチを止められなかった」ことになっているQが、実は「首謀者」だったというわけだ。だからこそ、被害者のはずのQも処分を受けているのだ。Pは間違いなく被害者だったが、なぜか同じような処分を受けた。それまでの「生活態度」を反省しろ、ということなのだろうか。Pは、その後もT学園にいた。噂では、高校生相手に「セクハラ」まがいの授業をしていたらしい。懲りない人だ。

時は流れて数年前、風の便りが私のもとへ届いた。Ｐがクビになったという。それも「セクハラ」が原因で！主流派の「威光」も、さすがに衰えたということなのだろうか。

♪「伝説」の秘密

モーツァルトは、天才だ。様々な「伝説」を残している。だが、研究の進んだ現在、隠されていた「真相」が次々と明らかになって来ている。

「伝説」……門外不出だった教会の賛美歌を、たった一度聞いただけで記憶し、完璧に再現してみせた。「真相」……音大生なら容易に聞き取れる程度の、単純な曲だった。

「伝説」……突然、曲が閃いたと言い出し、一気に全曲を書き始めた。書き直しなど一切無かった。「真相」……その曲の「下書き」が発見された。

彼は事前に全曲を記憶し、その場で「今、天からの啓示があった」というように演技したわけだ。確かに、全曲を覚えるというのは大変だが、それは天才とは別の話だろう。

「伝説」……ある場所でバイオリンの音を聞き、別の場所とは八分音（約1・5パーセント）ズレていると指摘した。調べてみると、その通りだった。「真相」……当時、そのような違いを正確に計る手段は無かった（当たっていたかもしれない……）。

モーツァルトは「自己プロデュース」の天才だったのだ。とは言っても、やはり彼は只者ではないようだ。専門的なことになるが、交響曲第四十番の一楽章。その展開部から再現部へのメロディーと和声の進行は、考えて出来るものではないだろう。「神がかり」とでも言おうか、何らかの「天才性の発露」と見るべきだと思う。

さて、不肖私にも、音楽教室時代には「伝説」があった。「初見（譜面を一度見ただけで即座に演奏すること）の神様」だ。実際、他のまわりの子たちよりは出来ていたが、完璧ではなかった。私はそれを自覚していたが、先生たちには、そこまでの違いが聞き取れていなかったのだろう。まして、試験会場の外で聞いている父兄には、わかるはずもない。

そんなわけで、私はその時期、初見を完璧にこなす「天才」と思われていた。「絶対音感」のところでも触れるが、このような「天才話」には「検証」が欠けている。問題なのは、ちゃんと判定出来る程の能力を持つ人が、あまりにも少ないということなのだ。

ひとつ、例を挙げよう。友人（ピアニスト）の恩師から、その友人を通じて「レコードの譜面起こし」を頼まれたことがある。ポピュラー音楽で、しかもピアノ独奏ではなく楽団ものだったためにかなり苦労したが、なんとか譜面に仕上げ、手渡すことになった。ちなみに、この人（M女史）は、日本のピアノ界では有名な指導者だ。

「よく出来たわねえ。こういうのって、一度聞けばすぐに書けるわけ？」

「そんなことはないです。何度も聞きますよ。」

「それでもすごいわ。私には全然聞き取れないもの。」――この「聞き取れない」をよく覚えていて欲しい。

「そういえば、私の弟子の○○ちゃんも、すごいのよ。レコードで曲を一度聞けば、完璧に弾いてみせるの。そっくりそのままね。」

「……」――全然聞き取れないと自認している人が、どうして「そっくりそのまま」とわかるのだろう？　おそらく、○○ちゃんは曲の「雰囲気」をうまく再現していたのだ。その程度なら私にも出来るが、初見と同様「完璧に出来る」わけではない。

M女史は有名なために、○○ちゃんの「天才話」は疑う人がいないまま、ピアノ界の「伝説」として語り継がれていくに違いない。○○ちゃん自身も、それ程の能力でない場合は、有名な先生の「お墨付き」を得たということで、自分を天才だと勘違いしている可能性がある。罪なことだ。

ひょっとすると、私もM女史に「一度聞けば、すぐに完璧な譜面が書ける」といった「伝説」を作られ、話の種にされているかもしれない（もし、そうだとしたら名誉なことだが……）。

「伝説」は、いつの世でも一人歩きを始めてしまう。「真相」に近づくことは、容易ではないのだ。

♪「譜面の裏」を読む

あるテレビ番組で、自称作曲家が「譜面の裏」を読め、というようなことを言っていた。本人は、文章の場合の「行間を読む」と同じような意味合いで言っていたようだ。なかなか、含蓄のある発言だと感心する人もいただろう。では、「譜面の裏」には何がある（隠されている）のだろうか。

先に、結論から示しておこう。「譜面の裏」には、何も無い。譜面には、作曲家の意図が全て書き込まれている。とは言うものの、譜面には、そこに書かれていること以外の「常識」もしくは「共通理解」が存在する。これは、「裏」のことではない。

簡単な例を挙げてみよう。メロディーが上昇する時、そこには自然とクレッシェンドが生じる。同じく下降する時、そこには自然とデクレッシェンド（ディミヌエンド）が生じる。これは、人が生来持っている生理的感覚（反応）とでも言えるものだろう。このように当然なことの指示を、基本的に作曲家は書かない（書く必要が無いので……）。こ書く時は、それをもっと強調したい場合や、もっと穏やかにしたい場合だ。あるいは、上昇時にデクレッシェンドとか、下降時にクレッシェンドにしたい、という場合には、そのような指示を書くことになる。なぜなら「常識」の逆になるからだ。

次は、少し難しい話だ。ある和音から次の和音への進行があるとする。その和音の「機能」を見れば、和音の「力学」によって、その強弱は自然に決まる。音楽の専門家なら、知っていて当然のことなのだ。故に、作曲家は書かない。また、曲全体の構造が分析出来ていれば、部分部分の強弱も自明のこととなる。これは、同じフォルテ（ピアノ）でも、曲の中での位置によって強さ（弱さ）が違ってくる、というかなり高度な「常識」なのだが、三流の音楽家には理解出来ないかもしれない。

音の強弱だけかと言われそうだが、基本はそんなものだ。それ以外の、メロディーが滑らかか、跳ねるか等は、通常ちゃんと譜面に書き込んである。親切（おせっかい、または心配性）な作曲家なら、強弱も含め色々と懇切丁寧に指示があるのは、みなさんもご存知だろう。それ以上、どこに裏があるというのか。

では、結論に戻ろう。「譜面の裏」を読め、と言う人は、譜面の「常識」を知らない。曲の「分析」が出来ない。従って、譜面を正しく「読めない」。こう告白していることになるのだ。

多少音楽に詳しい人なら、この結論に対し、数少ない例外を持ち出して反論してくるに違いない。「バッハのインベンション」には、何の指示（書き込み）も無い。「裏」を読まなければ、演奏出来ないではないか、と。そこには、大いなる誤解がある。バッハのインベンションは「教材」であって、完成品ではないのだ。例えるなら「塗り絵」が一番わかりやすいだろう。私の言う「常識」とは、空は青、木々は茶と緑、人の顔は色々、といったことだ。バッハは、「常識」をわきまえた上で「自由に配色してごらん」と言っているだけなのだ。完成品の譜面なら、作曲家の意図する「配色」は全て書き込まれている。「裏」、言い換えれば「独自の解釈」の入り込む余地など、どこにも残ってはいない。


心優しい作曲家は、演奏家に「演奏していただく」という立場上、

「そんなことは、譜面に書いていない」、

「ちゃんと譜面を読めば、わかるでしょう」、

「余計なことをしないで欲しい」、
このような本音を言えないでいる。作曲家の意図の反映されない演奏が、巷（ちまた）には溢（あふ）れている。あるはずのない「譜面の裏」を読んだと錯覚している人の多さを物語っているように。

さて、まだ納得出来ない人たちのために、私も熟考してみた。その結果、遂に「音楽史に残る」くらいの「大発見」をしてしまったようだ。なんと「譜面の裏」にあるものが、わかったのだ。

それは……「曲の続き」が書かれた「次のページ」である。

♪「権威」は無敵

ひょんなことから知り合いになったB先生（賛美歌関係では有名な人）に、賛美歌の編曲のチェックを頼まれたことがある。見てみると、およそ「素人芸」で、和声進行も内声の旋律進行も悲惨なものが多い。それらを何とか手直しして、B先生に聞いてもらった。

B先生は、かなり驚いていた。意外だったのかもしれない。「私には理論的なことは良くわからないけれど、あなたの編曲の方が音の響きがきれいだし、歌いやすくなっているわね。」

「和音は理論にのっとってやりました。内声の動かし方は、理論と経験からですね。」

それらの曲を曲集として出版したいということで、「編曲者」の名前をどうするかの話になった。私は言った。「もちろん、自分の名前は出していただきたいですが、あまり目立つのがマズいようでしたら、補作でいいですよ。〇〇編曲、栄太変補作という感じで……」

B先生は、あわてた様子で私の話をさえぎった。「それは出来ないわ。○○先生は賛美歌の権威だから。補作というだけでもマズい。」

結局、B先生は残念がっていたのだが、私の理論的に「正しい」、そして聞いて（歌って）「美しい」編曲が、日の目を見ることは無かった。○○先生に限らず、戦前の音楽家は「自称」であって、ちゃんとした教育を受けてはいないのだ。「趣味」で始め、絶対数が少なかったこともあり、気がついたら望むと望まざるとに関わらず、まわりの人たちから「権威」にされてしまっていたというわけだ。これは、G大出身とて例外ではない。

小学校高学年の時、私は音楽の先生から「指導用」と書かれた教科書を手渡された。私が音楽教室で専門的なことを学んでいるのを知っていたので、参考資料にと考えたのだろう。中身を見て驚いたのは、編曲の「センス」の無さだった（私の「センス」の基本は、父親譲りの「軍歌と童謡」なので、あまり威張れたものではないが……）。まず第一に、原曲の調性に対する理解が無い。子供向けなのだから、あまりにシャープやフラットの多いものは移調も仕方が無いが、何でもハ長調にすれば良いというものでもないはずだ。第二に、原曲の和音が意味無く改変されている。これは教科書だけではなくて、「子供のための……」という有名曲の編曲物にありがちなのだが、簡単にということに気をとられすぎるのか、和音の重要性を認識していないのか、いい加減な伴奏を付け、「曲の色」を台無しにしているのだ。私は、簡単にする場合、残しておく優先順位は「和音」が一番だと考えているが、そうではない人もいるようだ。そんな、小学生でも間違いを指摘出来るような指導書の監修者は、「G大の学長」以下、有名な作曲家の人たちだった。

G大といえば、私の大好きなN田Y直がいる。大好きではあるのだが、その童謡の伴奏には中学生の頃から違和感があった。作曲理論を学ぶにつれ、私の違和感は理論的にも正しいことがわかった。理論を超えて曲が魅力的なのは、彼の「センス」が優れていたからだと思う。彼はG大でも、作曲科ではなくピアノ科出身と知るのは、その後のことだ。

彼も「権威」なので、有名な童謡以降も次々と新作を発表しているし、取り上げられる機会も多い。だが、その内容はハッキリ言って問題だ(かつての「センス」も感じられない)。何か新しいことをやりたい、という意欲は十分に伝わってくる。悲しいことに、その意欲が空回りしているのだ。それでも「権威」(ブランド?)は、絶対らしい。誰も彼を批判しない、出来ない。ある意味、彼にとっても悲劇なのだろうが、「習作」と言っても過言ではないような曲を聞かされる身にもなって欲しいものだ。せっかくの「過去の栄光」が霞んでしまうではないか。

Ｇ大関連で、もう一人。今や「国際的」にまでなった作曲家がいる。二十数年前、ＣＭで流れた曲が話題になったこともある。「音大生の弟子に書かせたのではないか？」と、一部で評判だったことは、ここだけのヒミツだ。確かに「程度の低い」曲なのは事実だが、「あえて」そのようにしたという可能性がゼロでは無いので、私としては、表立って批判するつもりは無い。しかしながら、それ以前に「オリジナル」として発表した曲？は、問題大ありだった。なんと、バッハの有名曲を一小節ずつ繰り返しているだけだったのだ。そんな「人を食った」ような真似をしても、「権威」は無敵だ。さぞかし、大金をせしめたことだろう。「売れない作曲家」にとっては、うらやましくてたまらない。

♪「音楽の正体」の正体

「音楽の正体」というテレビ番組があった。素人や三流音楽家には、評判だったようだ。だが、音楽理論的には悲惨なものだった。私は、第一回目の放送から画面に向かってツッコミを入れていた（理論だけでなく「模範演奏」も素人芸だったことは、ここでは追及しないでおこう）。毎回、ツッコミ所満載だったこともあり、素人に誤解を与えたままではいけないと考えた私は、新聞のテレビ欄に投書した。「私は、音大の作曲科出身だが、この番組には音楽理論の間違いが多い。なんなら番組の制作者かアドバイザーと話をしてもいい。」——いくら待っても、投書が載ることは無く、テレビ局からの反応も無かった。

番組は好評のまま終了し、やがて同名の「本」が出版された。私は、古本屋でその本を入手した。本も、番組に負けず劣らずツッコミ所満載だった。最後まで読んだところで、私はその理由を知ったのだ。

制作者は、高校の理論科の後輩だった。面識は無かったが、年代が近いので、おそらく私のことは色々と知っていたはずなのだ。それで、新聞社からの問合せがあったとしても、沈黙していたのだろう。その彼は、他の大学へ進学していた。つまり、彼の理論的知識と理解は、音楽高校卒業程度だったのだ。そのためか、番組や本を制作するにあたって、助言を求めた人がいたという。私も知っている、T学園の「音楽史」の先生だ。その先生は、私の知る限り「音楽理論」が専門ではなかった。

一般の人たちには、誤解がある。音楽家は「医者」と同じで、専門分野以外のことには詳しくないし、うまくは出来ないのだ。よく「オーケストラの休日」というような「ポピュラー音楽の編曲」のCDがあるが、オーケストラの団員による編曲は、専門的に見ればお粗末なものが多い。「階級」が下なので、仕方ない面もあるのだが。

ここで、音楽理論の専門的な解釈の話を長々とするつもりはない。ただ、一ヶ所だけ、後輩の彼のためにも専門的な指摘をしておこう。ビートルズの「イエスタデイ」の所だ。二小節目の頭の和音の解釈を「無視」したのは、なぜだろう？　私は、「無視」ではなく、解釈が「出来ない」ので「放棄」したと考えている。「音楽の正体」や、同名本の根本的な欠陥の正体が、そこにあるのだ。

それは……「サブドミナント」という視点の欠如だ。

♪コンクール大作戦

T学園では、誰もが知る言葉がある。「コネ（枕営業を含む）・カネ（献上品を含む）・チカラ（真の実力）」これは、音楽界で出世するため、コンクールに入賞するための「必要条件」だと言われている。順番も、このとおりだ。最後の「チカラ」は、あった方がいいかも、という程度のことだ。

私がT学園に在籍していた頃、密かに囁かれていたことがある。某国内有名音楽コンクールの弦楽部門の入賞者は、その全員が審査員Eの「お手つき」だと。Eの「女好き」は、その筋では有名な話だったので、誰もこの噂を疑うことはなかった。

「女好き」くらいなら、まだマシかもしれない。ヨーロッパの超有名指揮者などは、それ以外の「趣味」も持っている。あるT学園の学生が、その指揮者に「認められた」という話があった時には、まわりのみんなが彼の「痔」の心配をしたものだ（「膀胱炎」もあったりして……）。

ヨーロッパのコンクールで入賞するためには、女も男も、男の審査員と「仲良く」なる必要がある。これは、彼の地では常識？だという。日本の超有名指揮者も、そうして「認められた」らしい。「だって、奥さんも子供もいるのに……」と思った人は、考えが甘い。そんな人には、チャイコフスキーの伝記をオススメしよう。みなさんの考える以上に「ゲイ術家」の数は多いのだ。

私も高く評価している、日本人の有名な女性ピアニストがいる。彼女がヨーロッパのコンクールに参加した時のことだ。審査員の中に知り合いがいるのに気づかなかった彼女は、「挨拶」が無かったということで、予選すら通過させてはもらえなかった。

また、これはあくまで噂の域を出ない話だが、アメリカで有名になった女性の演奏家は、まだ若すぎたため、その母親が身代わりとなって「枕営業」をしたということもあるらしい。

あれほど優秀だったはずのマセガキ連中だが、ピアニストとして有名になった者は、一人もいない。私は、彼女たちの「プライド」が「枕営業」を拒否させたからに違いないと推測している。

ある時期、某国内有名音楽コンクールの作曲部門では審査員同士の「談合」があり、T学園とG大の学生を交互に入賞させていた（雑誌にスクープされたようだが……）。

人ではなく、物の話もある。ヨーロッパのコンクールで何度も入賞している日本人の有名女性ピアニストは、親戚に楽器メーカーの工場長がいるという。コンクールの時、審査員全員に、一人一台ずつ「グランドピアノ」をプレゼントしたそうだ。

東ヨーロッパの有名コンクールで、日本人初の優勝者が出たことがある。コンクールのスポンサーには、その年、初めて日本の企業が名乗りを上げていた。帰国後すぐに、その優勝者のテレビCMが放送された。まるで、優勝することが事前にわかっていたかのように（蛇足だが、この15秒のCM中、何度も音を外していたことに、私は別の意味で衝撃を受けた）。ここまでで「コネ」と「カネ」はあるが、「チカラ」の話が無いことに気づかれただろうか。そう。「チカラ」は、あっても無くても「そんなの関係ねえ！」なのだ。

次は、私が実際に経験したことだ。T学園初のシンセサイザー作品を発表していた私は、多少、電子音楽には自信があった。卒業後、師事していたY氏からヨーロッパの電子音楽コンクールのパンフレットを渡され、挑戦してみることにした。結果は、落選だった。

翌年、二度目の挑戦をした。この時の作品には、かなり自信があったのだが、またしても落選だった。たまたま、留学先のヨーロッパから帰国していた友人のS君に、このことを話してみた。

「結構自信があったんだけど、駄目だったよ。」

S君は、言った。

「そのコンクールの審査員に、誰か知っている人はいるの？」

「いないよ。Y氏からパンフレットをもらったから、応募してみたんだ。」

「Y氏に、推薦文を書いてもらった？」

「推薦文？　そんなものは無いよ。」

S君は、呆れたように私を見た。

「それじゃあ、入賞なんて出来るわけないさ。君の作品は、審査すらされていないだろう。書類選考の段階で、ゴミ箱行きだね。」

数年後、ヨーロッパに留学していたT学園の先輩Rが、そのコンクールに入賞した。私は、Rの「実力」を知っている。たった数年で、驚異的な進歩を遂げたのだろうか。凱旋帰国コンサート？が開かれ、私やT学園の知り合いも、興味津々で出かけていった。入賞作品を聞いた感想は、全員が同じだった（決して、私個人の「負け惜しみ」ではない……かな）。

「これで、本当に入賞出来たの？」

その後、真相？が明らかになる。Rは、ヨーロッパの電子音楽の「権威」に師事していたのだ。

それでは、滅多に無いであろう例外の話をしよう。

これは、コンクールの審査員から直に真相を聞いた人物が、私に漏らしたものだ。あるヨーロッパのコンクールで、当時、全くの無名だった日本人ピアニストが優勝した。彼には「コネ」も「カネ」も無かった。「チカラ」は、あったような……。驚くべきことに、彼の優勝は、コンクールの始まる前から決定していたのだ。

審査員たちは、事前の協議で「今回は、アジアの参加者の中から優勝者を出そう。」と決めていた。なぜなら、自分たちのコンクールを「世界的なもの」にしたかったからだ。その段階で候補に挙がっていたのは、東南アジアの某国から参加したピアニストだった。だが、そこで問題が発生してしまう。ピアニストの母親は、そんな協議のあることを知らなかった。母親は、審査員たちに対して強力な「接待攻勢」をするのだった。

それは、傍目にも目立ちすぎていた。

「このまま、あのピアニストを優勝させてしまえば、接待攻勢のためだと思われる。」

審査員たちは、他にアジアからの参加者がいないかを探した。一人いた。日本人だ。「優勝者を、彼に変更しよう。」

無名の日本人ピアニストは、突然スポットライトを浴びることとなった。おそらく、本人が一番信じられない思いだっただろう。彼は、面識は無いものの、私の後輩にあたる人物だ。彼の知り合いから聞いたところでは、本人も自分の実力は知っているので、優勝には驚いたようだ。そんな彼の偉いところは、優勝したことに驕らず、自らを向上させようと努力していることだという。私はその話を聞き、とても心強く思った。ぜひとも、この「幸運」を生かして頑張って欲しい。

話は変わって、音大生のみなさんに「箔（はく）」をつける方法をお知らせしようと思う。日本国内にいては、無理なのだが……。

とにかく、まずはヨーロッパへ行くことだ。そこで、なるべく「田舎」の音楽コンクールを探そう（日本でも有名なコンクールに似た名称なら、よりベターだ）。音楽の本場だけに、いくつも見つかるはずだ。そのコンクールへ参加するのだ。ただし、間違っても「音大生」と言ってはいけない。田舎のコンクールというのは、村人たちのレクリエーションのようなものだ。参加者は、ハッキリ言って「素人」ばかりだ。そこへ「音大生」（セミプロ）が行けば、簡単に優勝出来る。最悪でも、入賞は間違いない。あまり知られてはいないのだが、そういったコンクールで入賞すると、「次回のコンクールで、ジュニア部門の審査員になれる。」という「特典」のあることが多い。こんな「美味しい話」を逃すことはないだろう。日本へ帰ってきたら、大々的に宣伝をしよう。重要なのは、事実を少しだけ忘れてしまうことだ。

「ヨーロッパ某国の権威ある有名コンクールで上位入賞！」（規模と場所の詳細は忘れる。）

「そのコンクールで、審査員をすることに！」（ジュニア部門を忘れる。）これだけあれば、西洋かぶれのクラシック愛好家など、イチコロだ。

懐に余裕があって、もっと「権威付け」をしたいのなら、「入賞記念コンサート（リサイタル）」を開催しよう。有名「評論家」に十万単位を渡せば、本人は聞きに来なくても「音楽雑誌」で取り上げられ「お褒めの言葉」をいただけるだろう。こうして「一流の音楽家」が新たに一人、誕生するのだ。みなさんの健闘を祈る。

♪「ハンデ」という名の最終兵器

私が十代の頃、身体に「ハンデがある」というのは「劣っている」と同義語だった。「ハンデ」を理由に音楽高校受験で落とされた私は、腹も立てたが半ば仕方ないと諦めたものだ。だが、今は違う。「ハンデ」を持つ本人も、その取り巻きもが声高に主張するようになった。「ハンデ」とは「個性」である。そして「個性」なのだから、それを健常者は「尊重」すべきだ。本当にそうなのだろうか？

私には、基本的に演奏家に対する興味が無い。なぜなら、曲の解釈を正しく出来る演奏家がほとんど皆無だからだ。なので、T・Nを知ったのは偶然だった。「全盲」のピアニストが○○コンクールで批評家賞受賞ということで、その演奏がテレビに流れたのだ。ほんの野次馬的好奇心から、私は最後まで聴いて（見て）みた。「よく指が動くなあ・・」が最初の印象だった。そんな印象を持たせたまま、演奏は終わってしまった。この「違和感」は何なんだろう？

なぜかそこに「音」はあったが、「音楽」は無かった。「中国雑技団」と「オリンピック体操」の違いと言えば、理解していただけるだろうか。まあ、所詮は言い方は悪いが「キワモノ」だ（本物のピアニストとは、次元が異なる）。批評家も「ハンデがあるのによくがんばったで賞」を進呈したくなっただけなのだろう。あとは、音楽が好きなら趣味で続ければいいんじゃないかな。私は、T・Nをそのように評価した。

今にして思えばその頃から、いや、おそらくもっと以前から「作戦」は進行していたのだ。この「作戦」は、とても巧妙に仕組まれている。根底にあるのは「☆☆ちゃんを救う会」（別名「死ぬ死ぬ詐欺」）と同じ仕掛けだ。これがどのような意味を持つのかは、追々明らかになるだろう。

まずは、根本的な問題だ。果たして、T・Nはピアニストなのか？　クラシックの作曲家の一人として、私には断言出来る。以下に示す理由により、少なくともクラシックのピアニストを名乗る資格は無いということを。

一　楽譜が読めない。

二　弾き方の問題で、汚い音色しか出せない。

このどちらもが、T・Nの「ハンデ」と直結している。「作戦」は、これらを逆手に取ることで、素人を納得させているのだ。

それでは、詳しく説明しよう。クラシックにおける楽譜とは、いわば曲の「設計図」だ。

（点字楽譜というものもあるが、本来の楽譜とは別物であり比較対象にはならない）。これが読めなければ、曲の細部はもちろん、全体像の把握は困難なのだ。T・Nは中途失明ではないので、楽譜のイメージすら持ち合わせていないことになる。だとすると、最初の段階でピアニスト「失格」になってしまう。そこで「T陣営」は、ひとつの飛び道具を持ち出してきた。驚異的（天才的？）な「耳コピー能力」だ。素人なら「楽譜が読めないというハンデを補って余りある能力」と勘違いするだろう。実際「全盲の彼があれだけ弾けるのに、目の見えるピアニストは何をやっているんだ？」という声を耳にしたことがある。「作戦」は着実に成果をあげているようだ。

だが、ちょっと考えてみて欲しい。コピーには、元となるものが必要不可欠だ。そして残念なことに、元となり得る「100％楽譜に忠実な演奏」は何処にも存在していない。つまり、そもそも完璧ではないものをコピーしても、それ以上のものにはならないということだ。むしろ、コピーには劣化が不可避であり、T・Nの演奏には「元と本人による二段階の劣化」から逃れることが出来ない、という無慈悲な現実が常に付きまとっている。

つまり、こういうことだ。作曲家の実感として、普通のピアニストは、楽譜の60％程度しか表現出来ていない。巨匠と呼ばれる人たちでも、良くて80％位だろう。とすると、

恐れ入りますが、
切手をお張り下さい。

〒113－0033

東京都文京区本郷
2－3－10
お茶の水ビル内
（株）社会評論社　行

おなまえ　　　　　　　　　　　　　　　　様

（　　　　才）

ご住所

メールアドレス

購入をご希望の本がございましたらお知らせ下さい。
（送料小社負担。請求書同封）

書名

メールでも承ります。　book@shahyo.com

今回お読みになった感想、ご意見お寄せ下さい。

書名

メールでも承ります。　book@shahyo.com

T・Nのコピー元の演奏は、間をとって70%位だろうか。その演奏を、優秀なT・Nは70%コピー出来る。70%の70%は、49%だ。出発点で30%の「ハンデ」のあるT・Nは(これは、彼の責任ではない)、そこに自らの「ハンデ」30%が加わることによって、楽譜の約半分しか表現出来ない、言い換えれば「半人前」ということになってしまうわけだ。コピー能力は、それがいかに優秀だとしても、楽譜を読む能力の代わりにはならない。これが厳然たる事実なのだ。T・Nには気の毒なことだと思うが……

次に、弾き方の問題点だ。指を伸ばしたまま全体を拡げ気味に、というのがT・Nの弾き方の特徴だ。なぜそうなったのかは、容易に想像出来る。鍵盤の位置を探る(確認する)には、他に方法がないからだろう。しかし、この弾き方では微妙なニュアンスや美しい音色は出せないのだ。机の上でもいい。パソコンのマウスを持つようなカタチをしながら指先で弾くまねをしてみれば、指を伸ばしたままその腹で弾くこととの違いが実感出来るだろう。ピアノで試してみれば、違いはもっと明らかになる。音色以前に、指を伸ばす弾き方では鍵盤に力を入れにくい。どうしても「フォルテ」を出そうとすれば、弾くのではなく叩くようになってしまう。あるいは、体重をかけて指を押し込むしかない。結果として、音色は汚くなる。叩くか撫でるかの二択になってしまうため、微妙なコントロールも出来ない。これには、次の音を探らなければならないというT・N

独自の事情も関係しているだろう。簡単に言えば、コントロールする時間が「物理的に」とれないわけだ。この問題点に解決策は無い。

しかしながら、ここにも「作戦」は存在する。一つは、素人の「全盲であるということは、逆に鋭い聴覚を持っているに違いない」という思い込みや期待?をT・Nに背負わせることだ。仮に鋭い聴覚を持っているとしても、それと表現能力には何ら相関関係は無い。

にもかかわらず、その二つを故意に混同し、錯覚させてしまうのだ。もう一つは「自画自賛」という「禁じ手」だ。上記問題点に関してT・Nの指導者は、まさにその弾き方こそが美しい音色の秘密だと述べている。専門家が太鼓判を押しているわけだ。素人からすれば、こんなに確実なことはない。とは言え、常識的に考えて、指導者が自分の弟子の批判をするだろうか？　批判をすれば、それは自身の指導力の無さを認めることになるのではないか？　他にも絶賛している専門家がいるが、私の見るところ、その多くは「関係者」だ。

中には直接の利害関係は無さそうだが、以前、父親が有名人の自称作曲家（知能にハンデあり）を持ち上げた無節操な「コバンザメ」のような連中もいる。専門家と言っても有名だから優秀というわけではないし、常に真実を述べるとは限らないのだ。そこで、

T・Nの演奏を敢えてわかりやすく例えてみよう。「ブルドーザー（T・N）が、お花畑（クラシック音楽）を蹴散らしていく」だ。素人は、その迫力に圧倒されてしまい、感動で声も出ない。心ある専門家は、花の残骸を見つめ、無力感で声も出ない。困ったことに、両者の認識の溝は限りなく深い……。

実は、この両者の間に立って、結果的に「T陣営」の援護射撃をしている素人がいる。自分は専門家なみに詳しい、と勘違いしている迷惑な人たちだ。その主張？は、こうだ。T・Nは「ホロビッツ」と同じ弾き方をしている（故に、上手なのだ）。日本の、手を丸くして弾かせる教え方は、T・Nの存在によって過去のものとなるだろう。私は専門家として、この主張の誤りを正しておくことにする。「ホロビッツ」は、指を伸ばしているが「拡げてはいない」。むしろ、すぼめ気味に弾いている。この違いのため、「ホロビッツ」の方はそれなりにニュアンスが出せているのだ。体格や、手の大きさ自体の違いもある。そのために、小柄なT・Nには「重いフォルテ」が出せない。打弦のスピードを上げることで「フォルテ」には出来るが、その副作用として音色は汚くなる。「ゴツン」と「パシャン」の違いだ。ようするに、T・Nと「ホロビッツ」の弾き方は、似て非なるものなのだ。同一視されていることに、天国の「ホロビッツ」も苦笑しているに違いない。

さて、ここで正直に告白しよう。T・Nの報道に触れた時、私は彼の母親に対して「超有名バイオリニスト姉弟」の母親と同じ臭いを感じとった。自らの「虚栄心」のために、子供を道具として利用しているのではないか？　単なる目立ちたがり、文化人気取りなのではないか？

私は、間違っていた。T・Nの母親は、想像以上に「大物」だった。まわりに優秀な「ブレーン」がいるのかもしれないが、本の出版といいネットの活用といい、その戦略は凄まじい。自分の息子のことを臆面もなく「天才」と呼んでみせるあたり、常人の理解を遥かに超えている。もう、アッパレとしか言いようがない。そして、極めつけは、このフレーズだ。「全盲のピアニストとは呼ばないで！」――T・N本人にも言わせている、このフレーズにこそ「作戦」の本質が隠されているのだ。

数十年に及ぶマスコミの洗脳工作（放送禁止用語がその最たるものだ）によって、健常者は障害者に対して「負い目」を感じるようになってしまっている。そこを母親も含めた「T陣営」は、ピンポイントで突いてきたわけだ。「全盲」とは言ってくれるな。「ハンデ」に関係なくピアニストとして認めて欲しい。この言い方は、極めて巧妙だ。関係ないと言いながら、実は「ハンデ」を連呼することで人々の「負い目」に入り込み、批判を封じ込めようとしている。そして「作戦」は、ほぼ完璧に成功してしまった。健常者は「制圧」された。この期に及んで批判する者は、「人でなし」の烙印を押されてしまうことだろう。「☆☆ちゃんを救う会」が、「人の命」という誰もが反論出来ないことを利用しているのと同じ構図だ。そう、「ハンデ」は現代の「水戸黄門の印籠（いんろう）」であり、最終兵器なのだ。

彼の地では、人種差別撤廃の影響で白人に対する「逆差別」が問題になっていると聞く。白人より成績下位の黒人が優先枠で大学に合格し、その結果、上位の白人は落とされている。ひるがえって、日本はどうか？　T・Nが「ハンデに関係なく……」と言いながら、実は「ハンデ」の効果を十二分に利用し活躍しているまさにその時、彼より優秀な、多くの名も無き「健常者」のピアニストは、活躍の場を失っている（取上げられている）ことになるのだ。「ハンデが無い」ということが、限りなく「大きなハンデ」になっているとは……こんな「理不尽」があっていいのだろうか。T・Nが、本当に「ハンデ」を抜きにしても優秀なピアニストなら、何の問題も無い。しかし、これまで示してきたように（残酷なことだが）T・Nは、その「ハンデ」によってピアニストにはなり得ない（「現代音楽」限定なら全然オッケー！というのは、ここだけのヒミツだ）。

確かに「ハンデ」は「個性」かもしれないが、この場合の「ハンデ」は「欠陥」と同義語なのだ。私としても、心苦しい結論になってしまった。そのくらい、このような問題の根は深いということなのだろう。

では、ピアニストでないとしたら、T・Nとはいったい何者なのか。最後に、私なりの見解を示すこととしよう。彼は、驚異的（天才的?）な「耳コピー能力」を持つ、唯一無二の「ピアノ叩き芸人」である。

♪「上級国民」のネットワーク

表向き、我が日本には階級が存在しないことになっている。実際には音楽家の専攻による階級だけでなく、そもそもその音楽家自身にも階級が存在する。いわゆる「氏育ち」と言ってもいい。私の年代では「上流階級」と言っていたが、最近では「上級国民」の方が通りが良いので、こちらの表現を使わせていただくことにしよう。

あの、音楽教室の同志?であるマセガキ連中。その性格はさておき、少なくとも音楽家としての能力(実力)は、そのへんの有名コンクールに入賞し評論家絶賛なんていう人たちと比べても、同等以上のものを持っている。ではなぜ、世に出て来ないのか?別項でも少しだけ、プライドが高く「枕営業」に応じなかったからではないかと推測してみたが、他に考えられるのは、彼女たちの育ちは決して悪くないが「上級国民」といえる程ではなかったということなのではないだろうか。

私の同期で「出世」出来たのは、指揮者のN君とピアニストのJ君くらいだ(そこそる業界で名の知られた、というなら他に数名いるが……）。出世したこの二人に共通しているのは「上級国民」だから、という事実なのだ。N君の父親は、地元では有名な「医院」をやっている。J君の父親は、地元では超有名な病院の院長だった。もう一人、同期でも知り合いでもないが、別項登場のT・Nは報道によれば父親も祖父も医者ということだ。

もともと、クラシック音楽はヨーロッパの貴族（上流階級）のものだった。そして、その伝統は日本において「医者やその他の金持ち（成り上がりは認められない）のコネクション」、言い換えれば「上級国民」のネットワークに継承されているのだ。みなさんも、有名コンクール入賞者の親（親族）の職業を調べれば納得出来るだろう（それに加えて、審査員に師事となれば「無敵」なのは言うまでもない）。

私のような下級国民（平民）は、仮に才能があっても相手にされない。友人のS君は、J君と同等以上の実力を持っているが、地元以外ではほぼ無名だ。なぜなら、私と同じくらいの階級だったから（今の私は、もっと下級だ）。T学園卒業後、留学するという段階になっても、階級（の扱い）の差は歴然としていた。J君は国の援助を得て（ネットワークの恩恵？）、フランスへと旅立っていった。S君は援助を得られず（別項登場のNさんと同じ先生に師事。有名な女性ピアニストを子供の頃だけ指導したというのが唯一の自慢らしいが、他の弟子に対しては面倒見が悪い。S君の時も口添えをすれば何とかなったはずなのに……)、自費でドイツに旅立った。

ドイツと言えば、ちょっと脇道にそれるが、マセガキの一人で、日本では男に相手にされない(あくまで私個人の見解だ)子がいた。彼女も上級国民ではなかったが、S君と同時期にドイツへ留学したところ……なぜかドイツでは非常にモテて、すぐに彼氏が出来、二人して夜中の湖をスッポンポンで泳ぎ、いちゃついていたという。結局、その彼がお相手かどうかは知らないが、現地で結婚しそのまま居着いてしまった。信じ難いことだが「その手があったか!」ではある。

話を戻す。S君はとても真面目な性格なので、その後も色々と苦労したようだ。別項で述べたフランス短期留学の時も、担当の指導者(もちろん?男だ)に言い寄られ拒絶したので、色々と嫌がらせをされてしまったという。彼も、私と同じく「ゲイ術家」になれなかったことは、良かったのか悪かったのか。まあ「痔」にならなかっただけでも、良しとすべきなのだろう。でも、実力のあるS君だけに、今からでもちゃんと正当に評価され売れて欲しいと思う。私自身は、もう諦めた。かなわぬ夢は、未だ引き摺っているが……もっと以前に、最初の段階で気付くべきだった。というのも、音教の名簿には「父親の職業欄」があったから。「医師」「有名企業の役員」「政治家・その秘書」といった上級国民の中で、我が父親の「電気製品販売・修理」は、あまりに場違いだった。

　生まれつきの絶対音感だけで、上級国民とそのネットワークの存在も知らぬまま音大まで辿り着き、なんとか卒業は出来た。その時点で、私の音楽家人生は「ゲームオーバー」になっていたのだろうか？

◉第三章　あまりに「人間的」な音楽家たち

♪ピアニストは「エリート」だ！

以前、指揮者のI城H之氏の書いた文で、とても興味深く読んだものがあった。
音楽界の中で、一番偉いのは「ピアニスト」
以下、ピアノが満足に弾けないと「バイオリニスト」（弦楽器奏者）
それも駄目なら「管楽器奏者」
そして「打楽器奏者」
楽器が出来なければ「声楽家」
演奏自体が駄目なら「作曲家」
曲も作れないなら「指揮者」
これら全部駄目なら、もう音楽家ですらない「評論家」（学者）
自分は「評論家」よりはマシなんだ、という何とも皮相な見解だ。作曲家として、そのポジションに異論が無いわけではないが、全体的には、かなり言えていると思う。さらに言うなら、音大出身者の実感として「弦楽器」と「管・打楽器」の間には越えられない壁がある。少なくとも、私が在学中のT学園で、「管・打楽器」の連中は知能も素行も悪かった。T学園だけかと思っていたら、教育実習で一緒になったK音大の人も「管・打楽器」は程度が低くて困ると言っていた。どこの音大でも、似たり寄ったりなのだろう。学内オーケストラ存続のためには、雑魚でも仕方ないということだ。

では、悪口ついでに、大サービスで他の音楽家の特徴もコッソリお知らせしておこう。

「ピアニスト」は「唯我独尊」だ。ほとんどの人が、マスコミに登場する天才レベルの絶対音感を持っている。自分一人で演奏が完結するためか、不思議なことに優秀な人ほど伴奏がうまく出来ない。ようするに「おまえがオレに合わせろ!」、なぜなら「オレのテンポやリズムが絶対に正しい!」――どうしても、音楽家の中では一番上にいるというエリート意識が、他の楽器奏者や声楽家を見下すような態度として出るのだろう。

「バイオリニスト」は「音痴」だ。チューニング等の経験で、ある特定の音（開放弦）には敏感だが、それは絶対音感というより、体に伝わる楽器の「振動」や、他の奏者の音とのズレからくる「うなり」で感知している可能性がある。もし、本当に絶対音感を持っているとしたら、自身の演奏で発狂するに違いない。この人たちには、よく自慢するフレーズがある。「ピアノは平均率なので、きれいなハーモニーが出せない。自分は、あえて平均率から少しだけズラした純正調の音を出すことで、美しいハーモニーにしている。」――これを言われると、頭の中が平均率の絶対音感で出来上がっている私などは困惑してしまうのだが、こちらも、あえて一言だけ述べさせていただこう。「それならなぜ、演奏中に半音も、ヘタをすると全音もズレた音を出して平気でいられるの？」と。詳しくない方のために少しだけ解説すると、音の高さの違いは「半音」で約6％、「全音」で約12％、「平均率」と「純正調」の誤差で約1％となっている。6％のズレが気にならない（実は気づいていない？）人が、1パーセントの話をしているのだ。これでは説得力皆無だと思うのだが、いかがだろうか。

「声楽家」も「音痴」だ。面白いのは、声楽家の場合はそれを自認しているということだ。彼（彼女）らは言う。「なまじ絶対音感など持っていたら、まともに歌うことすら出来ない。伴奏にうまく合わせられればそれで良いのだ。無伴奏なら、多少はズレたとしても、聴衆も自分もわからないし……」――その無伴奏の歌で、私は高校・大学の七年間、悩まされ続けた。T学園では男子の数が圧倒的に少ないため、男子の合唱は高校一年生から大学四年生までの七年合同クラスになっていた。無伴奏の歌では、声楽科の連中が大声で歌い始め、曲が終わる頃に半音以上ズレているのが日常茶飯事だったのだ。これは、私にとって「現代音楽」と同様に、「吐き気と頭痛」をもたらすものだった。

そんな声楽家も、バイオリニストと同じように純正調の話を持ち出して来ることが多い。

教会音楽（賛美歌）等の例を挙げ、いかに純正調の響きが美しいかをとうとうと語るのだ。そして、実際の演奏はズレまくりというのも、バイオリニストと全く同様。故に、私のツッコミもまた同様になってしまう。「それならなぜ、演奏中に半音も、ヘタをすると全音もズレた音を出して平気でいられるの？」だ。どちらも「響き以前の問題」で、和音そのものが別の和音になってしまっているではないか。御高説の前に、とりあえずは平均率で正しい高さの音を出していただきたいものだ。ウンチク語りは、それからだろう。

さて、声楽家の女子にはもうひとつ、「発展家」という面があるようだ。口の悪い奴は「性学家」とも言っていたが、それにはもっともらしい理由が存在する。その理由とは……「日頃から発声練習で横隔膜を使っていて、その振動がすぐ下にある子宮をいつも刺激しているために、我慢の出来ないカラダになってしまっている！」ということなんだそうだ。これは、ピアノ科の女子の話の受け売りであって、決して私個人の見解ではないので、念の為。

「作曲家」は「理数系」だ。他の演奏家が全て「文系」であるのに対して、作曲という「建築にも似た行為」をしているために、ものの考え方、捕らえ方が「理数系」になってしまうのだろう。そのためか、演奏をさせてみると「理詰め」すぎて面白みに欠けたりする。また（私だけかもしれないが）、結局、ピアニストやバイオリニストになれなかったという「挫折感」や「劣等感」を引きずっているところもある。その裏返しで、実は作曲家は音楽家の中で一番知的レベルが高いと考えていたりもする。それに加えて（やはり、私だけかもしれないが）、「演奏家がどんなに威張ったところで、曲が無ければ何も出来ないじゃないか！」なんてことも、考えているような、いないような……。

「指揮者」は「目立ちたがり」だ。みなさんの身近にいる指揮者以外の音楽家に、こう尋ねてみて欲しい。

「指揮者って必要ですか？」

多分、答は異口同音にこうだ。

「本当は、必要無いんだけどねえ……」

彼（彼女）は、「しまった！」という表情を浮かべながら、あたりを見回すだろう。音楽家であれば皆、内心ではそう思っているのだが、一般の人の「指揮者は王様」的なイメージがあまりに強力なため、なかなか言い出せなくなっているのだ。端的に言って、指揮者の仕事はただひとつ。オーケストラの「音の出だしを合わせる」ことしかない。

コンサートマスターが、弓でちょこっと合図をすれば、それで解決する問題なのだ。指揮者によって、曲の解釈とかオーケストラの音が変わるという意見もあるが、ある曲の解釈というのは作曲家的に言えば一つしかないし、優秀なオーケストラなら指揮者が居ても居なくても、ちゃんとした演奏が出来るものだ。それなら、なぜ指揮者なのか。「聴衆のために目印が必要」だから、というのが私の見解だ。

さて、指揮者にはもう一つ「ハッタリ屋」という面がある。オーケストラという、実は体育会系（悪く言えばヤクザな集団）をまとめる「親分役」には、ハッタリが必要不可欠なのだ。私の知り合いのピアニストのVさん（絶対音感もある優秀な耳の持ち主だ）が、とあるオーケストラと共演した時、そこの指揮者に尋ねたという。

「あなたは、すごい耳を持っているのね。どうして、あの音のかたまりの中から、ひとつひとつの音を聞き分けられるの？　私には全てを聞き分けることが出来ないのに……」

答えは、想定外のものだった。

「もちろん、僕にも聞き分けなんて出来ませんよ。ただ……」

彼の説明は、こうだ。もともと、オーケストラの楽器の演奏者だったことの多い指揮者は、自身が団員だった時の経験で、間違った場合（困らせようと故意にすることも含めて）

の団員の挙動を良く知っている。また、実際のところ、大音量になれば自身の音が合っているかどうかなど、聞こえはしないのだ。そこで、目をつけた団員に「今の音は間違っている」とハッタリをかますわけだ。団員は、自信が無かったり、後ろめたかったりしているため「恐れ入りました」となってしまう。「この指揮者は、どんな間違いも聞き逃さない」と団員が思い込めば、大成功。真相を知れば他愛のないことだが、オーケストラなんてものは、そういうところなのだろう。

ハッタリと言えば、私はかつて同期の出世頭?である指揮者のN君に、かまされたことがある。高校のソルフェージュ(歌)の授業でのことだ。無伴奏で、一人だけで最後まで音程を外すことなく歌いきった私に、まわりの生徒達は「すごい!全然ズレなかった!」と驚いていたのだが、それに対してN君が「まあね。最後の音がちょっとズレていたかなあ……」と呟くのを、私は聞き逃さなかった。それは、彼一流のハッタリだったのだろう。

その授業の一年間、彼が音程を外さずに歌うのを、私は聞いた記憶が無いからだ。何年か後、敬愛する作曲家の和田則彦氏から「ある人の批評能力は、その人の表現能力の十倍もある」という説を聞き、妙に納得したことは、今でも良く覚えている。

ところで、冒頭に挙げた音楽界の階級だが、元ネタはアメリカの批評家の自虐的な文章らしい。それを、I城氏が日本流にアレンジしたとか。そこで僭越ながら、私も少々付け足すことにしようと思う。

実は「指揮者」と「評論家」の間が、もうひとつある。マスコミで、大々的に宣伝することの多い「幼少の頃よりクラシックに親しみ、それに飽き足らず他の分野へ……」という人たちだ。結局、クラシックの出来が悪い（居場所が無い）から、他の分野へ逃げ出しただけではないか。「負け犬」のくせに「飽き足らず……」など、おこがましい。そう胸を張って言えるのは、〈グルダ〉や〈プレビン〉といった極めて少数のエリートのみに許されることなのだ。クラシックをナメてはいけない。

♪こっちの水は甘いぞ

自分の、音楽家としての才能に自信が持てない人たちへ、それでも音楽に関わっていたいのなら、以下を参考にして欲しい。

まずは、本書の〈ピアニストは「エリート」だ!〉を読んで、なるべく下の階級を狙おう。ただし「作曲」は、こちらの商売もあるので、遠慮していただければ幸いだ。演奏に自信がなければ「指揮」だが、出世しようと思うなら「痔」になる覚悟は必要だ。「指揮」が駄目でも、実はもう一つ、最後の手段として「音楽学」というものがある。音大の中では「盲腸」のような存在だが、卒業後、うまく出版社に取り入れば「評論家」になれるかもしれない。そうそう、「音楽学者」という手もあった。自称でかまわないのだから、お手軽なものだ。言葉だけ聞くと、なんだか偉そうな感じがするので、素人相手なら自慢出来るだろう。

下手でも演奏家にこだわるなら、お勧めがある。とにかく、オーケストラで「必要だが希少な楽器」を専攻することだ。とりあえずは「管・打楽器」だ。それほどガラは悪くないというなら、まだ他にもある。例えば「ハープ」だ。多少でも「電子オルガン」をやっていたなら「パイプオルガン」もある。最近の流行で「古楽器」なんてものもある。これらであれば、上手い下手は全く関係ない。絶対的な人数が少ないので、いるだけで重宝されるはずだ。

　実際、「パイプオルガン」奏者には、驚かされたことがある。知り合いの声楽家が、クリスマスコンサートで共演したオルガニストだ。G大出身で、その分野では名の知れた人だという。だが、その演奏は悲惨なものだった。まともに1小節4拍のカウントが出来ていないのだ。1拍の長さが均等になっていない「プロ」の演奏を、私はその日、初めて聞いた。本人は自覚ゼロのようで、後に声楽家に聞いたところ、練習で合わないのを人のせいにしたそうだ。そう感じたのが私だけなら、「悪意」を持って聞いたのでは？と思われるかもしれない。私は別の用件で、そのコンサートの「プライベート録音？」を複数の音楽家（ピアニストと作曲家、オルガニスト）に聞いてもらったことがある。その全員が、最初の4小節も聞かないうちに「なにこれ？」と呆れていた。「まるで駄目じゃん！」と言った人もいた（私も同感だ）。そんな演奏が「プロ」として通用しているのだ。ピアノが下手でも、挑戦する価値は十分にあるだろう。

どうしても「ピアニスト」が諦められないなら、三流音大の名ばかりの「ピアノ科」を目指すことだ。そして、卒業したら「現代音楽」専門の「ピアニスト」になれば良い。ちょっとした弾き方の「コツ」とアホらしい「演技」を会得すれば、お気楽な生活が待っているのだ。唯一の条件は「プライド」を捨て去ってしまうこと！

「絶対音感」の無い人には、「古楽器」が特にお勧めだ。ある時、私は珍しい出し物に巡り合った。「古典ピッチ」に調律された「チェンバロ」と現代の「ピアノ」のコンサートだ。古楽器の「プロ」が、なんと交互にそれらを弾いていたのだ。それも、何の迷いもなく平然とだ。約半音ズレた楽器を交互に弾ける「鈍感」さは、ある意味、脅威とでも言うべきか。知り合いの優秀なピアニスト（絶対音感あり）も、信じられないと後で話していた。「現代音楽」の関係者もそうだが、「鈍感さ」というのは一種の「才能」なのかもしれない。

♪人間メトロノーム

これから述べることは、全ての音楽家には当てはまらないかもしれない。だが、少なくとも我がT学園の学生・生徒は、ほとんどがそうだったと思う。

高校三年生の修学旅行でのことだ。北海道へ行った私たちの移動方法は、バスだった。バス旅行ではありがちなことだが、ガイドさんの提案?で歌を歌うことになった。最初に「校歌を歌って下さい」と言われた私たちは、誰もが「校歌なんて知らない」と答えた。実は、T高校の校歌はY氏の作曲だった。当時、すでに「政治力」が衰えていたこともあり、またT高校の生徒レベルなら覚えていなくても初見で歌えることもあって、私も含めて誰も校歌を歌った経験が無かったのだ。

ガイドさんは、呆れていた。気を取り直した彼女は、では自分の方が先に歌いますと宣言し、「S城H樹」の曲を歌い始めた。「J熱の嵐」という曲だ。女子が大半なので、合いの手に「Hデキ!」などと入れながら歌を聞いていたのだが、突然、異変?が起きた。9小節目が終わり、10小節目に入った時のことだ。この小節には、歌詞が無い。伴奏があるのみだ。アカペラで歌っていたガイドさんは、この小節の4拍の休符を端折ってしまった。もちろん、素人ならよくあることだ。それを責めるつもりは無い。

私たちは、長年の訓練の成果?で、ある曲を聞くと、その拍子をとり始める。この時も、みんなはごく自然に、1小節に4つの拍子を頭の中で刻んでいた。それが、10小節目のカウントが終わらないうちに11小節目のメロディーが出て来たのだ。例えて言えば「並んで歩いていたうちの一人が、突然走り出した」ような感覚に襲われたわけだ。

「あー。」——ほぼ全員が、同じタイミングでズッコケてしまった。その後も、そんなことに全く気づかないガイドさんは、休符を端折りながら歌い続けていた。そして、その度に私たちは、「オイッ!」と小さくツッコミを入れていたのだった。

ところで、この「カウント」は、当然、コンサートの時でも無意識に行っている。曲の最後の小節、最後の拍が終わらないうちに、「ブラボー!」と奇声を発する輩がいる。大体は、オ〇マじみていて「現代音楽」が好きそうな野郎なのだが。中には、以前なら「バロック」、今なら「オペラ」が趣味とでも言いそうな、鼻持ちならない野郎もいる。こういった類の人間に「殺意」を抱く音楽家は、私だけではないだろう。

♪「プロ」の困った人たち

現代音楽のコンサートで、録音を頼まれたことがある。「ボランティア」でやらされたのだが。音楽家は「偽善者」が多いのか、自分の「虚栄心」を満足させるため、他人に「ボランティア」を強いる人がいる。以前、人づてに「無料録音」「マスターテープ回収」などと、とんでもない条件の依頼もあった。私が拒否したのは、言うまでも無い。

この時は、R先生関係だったので、断れなかったのだ。私は、開場の前にホールへ出向いた。リハーサルが行われていた。Y氏関係の姉弟子が、客席にいた。彼女は、自分の曲でもないのに、やけに張り切っていた。どうやら、ピアノの位置がお気に召さないらしい。

「その場所じゃあダメ！」

「もう少し、前へ出してみてちょうだい。」

「やっぱりダメだ。今度は右へ10センチくらい動かして！」

ダメ出しは、十数回に及んだ。

そして……「最初から二度目の場所が良かったわ。そこに置き直してちょうだい。」——これは「コント」ではない。「実話」なのだ。

ピアノの位置によって、音が変化することを否定はしない。ただ、そんなことを言い出せば、聴衆が入った段階でも音は変わってしまうのだ。彼女の奮闘は、およそ意味の無いものだった。まわりは、彼女の「自分は音の違いを聞き分けられる」という「自己満足」に振り回されたわけだ。悪意は無かったのかもしれないが（私には十分に感じられた、というのはここだけのヒミツだ）。

では、別の話だ。S君の関係で、足立区のお菓子屋さんと関わった私は、そこの社長さんから新製品のCMソングの作曲を依頼された。作詞は社長さんだった。CMなので、15秒と30秒のバージョンを作ることになった。どちらでもメロディーが違和感なくつながるように、時間内に収まるように、私は細心の注意を払って作曲作業をした。

歌は「少年少女合唱団」に依頼することとなった。ピアノ伴奏は、合唱団専属のピアニストだ。かなり有名で忙しい合唱団らしく、全体練習の時間は別にとれない。伴奏は練習しておくというので、私は事前に譜面をFAXで合唱団に送った。もちろん、不明な点があればいつでも説明すると言ってあった。

本番の日。私は、立ち会うために某ホールへ行った。ピアニストが来た。妙齢の女性だ。彼女は、合唱団の関係者から「先生」と呼ばれていた。私は「作曲者です。」と挨拶をした。本番前のささやかな練習が始まった。伴奏の音が違っている。それも一つや二つの次元ではない。私は「先生」の所へ行き、違いを指摘した。彼女は、平然と言い放った。

「ああ、ここね。弾きにくいから、音を抜いて弾いているの。」

和声学というものがある。和音の種類と使われる場所によって、重ねていい音といけない音があるのだ。私は、一音一音を和声学の理論と実際の響きの両方で考慮しながら、作曲していた。その大切な音を、自分のテクニックがないという理由で、抜いてしまったというのか。呆れた言い訳は、続いた。

「FAXなんで、よく見えないのよねえ。ここにも音があったわけ？」

私にも、妥協出来ない所がある。

「細かい音は、ある程度我慢します。ただ、この部分の音だけは、譜面通りにやって下さい。」

何度か弾き直しても、彼女の間違いは改善されないままだった。私は、彼女に言った。

「プロなら、もう少しはちゃんとやりなさいよ。」

彼女は「逆ギレ」し、椅子から立ち上がった。

「テンポが速すぎるのよ。こんな伴奏、私にはもう弾けない！」

堪忍袋の緒が切れた。

「事前に譜面は渡してあっただろう。プロなのに、今更弾けないというのは、どういう根性なんだ！」

私は、客席の社長さんの所へ行き、事情を説明した。

「あんなピアニストでは、話にならない。私が代わりに弾きます。」

私は「先生」をどかし、椅子に座った。こんなことになるのなら、練習しておくべきだった。相手が「プロ」ということで、油断したのがマズかった。だが、私にはわかっていた。その「プロ」より、「ピアノ科クビ」の私の方が「いくらかマシ」だということが。

私にとって、万全の演奏ではないが、なんとか収録を終えることが出来た。その間「先生」は、後方で私の伴奏を見つめていた。人の良い社長さんは、こう言った。

「彼女も勉強になったんじゃない？　あなたの伴奏を真剣に見ていたわよ。」

人の良くない私は、こう思った。

「アラ探しに決まっている。何とかケチをつけようとしていたに違い無い。」

真相は、藪の中だ。

後日、ケーブルテレビでそのＣＭを見たＴ子ちゃん（私の弟子）のお母さんは、伴奏の音を聞き、すぐに私の演奏だと気づいたそうだ（もちろん、画面に私の名前は出ていなかった）。このことは、どんな時でも「手抜き」は出来ない、という教訓なのかもしれない。

♪「アマチュア」の困った人たち

以前、友人のS君の関係でアマチュア合唱団のピアノ伴奏（練習時のみ）をしていたことがある。練習が終わると近くで一杯になるわけだが、そこでの会話は色々な意味で「勉強」になったものだ。最初の「論争？」は、曲の解釈についてだった。みなさんも聞いたことがあり、あるいは多用している人もいるであろう「感性」がキーワードになる。アマチュア氏は私に、曲の解釈は演奏者の「感性」に委ねられている、だから自由に演奏すれば良い、と言ってきた。私は作曲家としての立場から、それは間違っていると正したのだ。

曲の解釈は、多く見積もっても一つしかない。それは、作曲家の頭の中にある。そして、譜面にはその全てが書き込まれている。演奏家は、その記譜通りに演奏すれば良いのだ。演奏は「創造」だ、という人がいる。プロでも譜面の読めない人は多いようだ。正しくは、演奏は「想像」なのだ。これは、譜面から作曲家の意図を読み取るという意味だ。「感性」だけでは「理論的無知」の克服は不可能なのだ。無知な自称評論家は、「独自の解釈」などと言って譜面の読めない演奏家を持ち上げたりするのだが、どうかみなさんは騙されないでいただきたい。

ただし、無限の解釈がある（と錯覚されている）ものもある。「現代音楽」だ。もともと、作曲家の頭の中に解釈自体が存在していないのだから「ゼロ＝無限」？なのだ。「正しい」演奏。「好み」の演奏。アマチュア氏の間違いは、この二つを混同したことにあった。

私は言った。プロは「正しい」演奏をしなければならない（大半の演奏は正しくないというのは、ここだけのヒミツだ）。しかし、アマチュアには音楽を純粋に楽しめるという「特権」がある。だから、「感性」に従って「好み」の演奏をすれば良い。あるいは、「感性」に従って「好み」の演奏を聞けば良い。それを「正しい」と勘違い（思い込み）さえしなければ……。

アマチュア歴の長い人は「自分はヘタなプロより出来る」と錯覚していることがある。合唱団で、ある有名な曲を歌うことになった。この曲は作曲者が素人なので、メロディーは美しいのだが、作曲者本人による混声四部の編曲は悲惨なものだった。そこで、私が新たに編曲するよう依頼された。すると、アマチュア氏が私に「対抗意識」をむき出しにして、編曲での「戦い」を挑んできたのだ。当然、私のものとは違い、彼の編曲は悲惨だった。専門家が見れば（聞けば）、理論的に無知なことがすぐにわかる程度だったのだ。彼から助言を求められれば、改善策を示すことは出来たのだが。そもそも、比較可能なレベルではないので、仮に改善しても私のレベルまでにはならない。彼にしてみれば、私は「ヘタなプロ」だったのだろう。呆れたことに、彼は私に「勝利」したと思っているようだった。当時、私は「大人の対応」をしたが、彼のためには、音大の試験のように一つ一つの間違いを指摘すべきだったのかもしれない。

その合唱団も参加するコンサートがあった。いくつもの合唱団が、次々に歌っていく。アマチュアのコンクールで、上位入賞の常連という合唱団の演奏になった。確かに、上手い。しかし、これほどまでに不愉快な演奏を聞かされたのは初めてだった。なぜなら「自分たちは上手い」というのが、演奏の端々に現れていたからだ。いわゆる「どうよ！」という態度だ。カラオケで自分の世界に入り込んでいるのと同じ、と言えばわかっていただけるだろうか。ステージ上で、自己満足の世界が繰り広げられている。会場の大きさを無視した圧倒的なフォルテッシモに、音が歪む。そして、満面の「営業スマイル」。最後には、自分たちで手拍子まで打ち出す。最初から最後まで、彼らには聴衆が見えていなかったのだろう。

「勝手に盛り上がっていろ！」——私は、珍しく本気で怒っていた。

好きな作曲家は？　こう聞かれて、誰を挙げるだろうか。私は「ベートーベン」や「ショパン」、「サティー」だ。だが、アマチュア氏なら「ベートーベン」なんて俗っぽすぎると言うに違いない。

私が音大生だった頃、アマチュア氏の流行は「バッハ」だった。曲の構造上、縦の響きがあまり美しくないため素人には「難解」に思えるところが、逆にアマチュア氏の「虚栄心」をくすぐったからだろう。そのバッハも、メロディーを取り出して伴奏をつけるという「古典的」なアレンジをすれば、違和感無く聞けるようになってしまう。

そこで、次に目をつけたのが「現代音楽」だった。これは、作曲者自身がわからないくらいに「難解」なので、また「虚栄心」を満足させることが出来た。しかし、いくら「わかる」と豪語していても、小汚い音を聞き続けるのには飽きたらしい。

最近の流行は「オペラ」のようだ。私には「オペラ」の何が良いのか、全く理解出来ない。なぜ「音痴」の「ヘタクソな演技」に、付き合わされなくてはならないのだろうか。まあ、アマチュア氏のいつもの手で「それがわかる自分」に酔いたいわけだ。どこがどうわかる（良い）のかを小一時間問い詰めたい気がしないでもないが、おそらく根拠のない「憐れみ」の視線で「プロなのに、そんなこともわからないのか」と言われそうなので、やめておこう。「プロ」だからこそ「商売」として割り切ってやっていることも多いと思うのだが、「純粋」なアマチュア氏にその現実を知らせるのは、ある意味「残酷」なことだからだ。

一番タチの悪いアマチュア氏は、インターネットに生息していた。作曲科の後輩のBさんに教えられて覗いたそのページには、負のオーラが充満していた。有名国立大学（音大ではない）出身だというアマチュア氏は、とにかく自分の解釈が絶対らしい。ありとあらゆるプロの演奏家を、罵倒しまくっているのだ（全くの見当外れではないところが、余計に始末に負えないというのは、ここだけのヒミツだ）。ずうずうしいのは、これが正しいと言って自分の拙い演奏まで聞けるようにしてあることだ。そのくせ、テクニックが未熟なのは自分がアマチュアだからと居直っている。さすが、有名国立大学出身だけあって、論理には破綻がないように見えなくもない。Bさんは「納得がいかないので、こちらの見解を書き込んでみる。」と言う。私は彼女に「時間の無駄だ。こういった類には、一切かかわらないことだよ。」とアドバイスをした。

「白」を「黒」だと証明出来るくらいの理屈屋さんには、何を言っても始まらないからだ。音楽理論であれば、私も、「シャープ」でなければならない音を「フラット」が理論的に正しいと証明（強弁）することが出来る。タチの悪さでは、「同類」なのかもしれない。

♪ピアニストの性（さが）

「ピアノ科クビ」の私は、ピアニストと作曲家、両方の立場が理解出来る（オーケストラ関係は、皆目わからない。外部から見る限り、あの人たちは体育会系であって音楽家ではないからだ）。だが、やはり「クビ」になるだけのことはあったのだろう。ピアニストは、自分自身の体験以上に作曲家とは違う人種だった。

以前、バブルの名残りで小さな練習室を持っていたことがある。自分は、ほとんどピアノを弾かなくなっていたし、ちょっとだけなら自室の電子ピアノで間に合うので、その練習室をT学園の後輩にあたるピアノ科の学生に貸すことにした。特に防音をしていなかったこともあって、よく練習の様子が聞こえてきた。そして、数年間の貸し出し期間中、全曲を通しで聞くことはただの一度も無かった。聞こえて来るのは、パッセージの練習が大半で、あとはそこを含む数十小節の部分だけだ。そんなことが、飽きもせずに延々と繰り返されていく。私は、様々な意味で、感心（寒心？）させられた。

ひるがえって、私のピアノ科時代の練習は、部分もしたが、大半は全曲を通して弾き「曲の感じ」をつかもうとしていたものだ。そうやっているうちに、弾けない部分も何とかカタチがついてくる。今にして思えば、そんなことをしていたから「クビ」になったのだ。私の場合、初見が得意だったので、練習すればするほどヘタになっていく傾向があった。それで、ある程度以上の進歩が出来なかったのだろう。

このことがあって、私は確信した。ピアニストにとって、曲の成り立ちはどうでもいいことなのに違いない。彼らの関心事は、いかに難しい部分をミスタッチせずに速く弾くか、というところにあるのだ。つまり、「木」が美しければ「森」のカタチは気にならないわけだ。作曲家は、逆だ。「森」の美しさが第一なのだ。「木」の何本かが枯れていたり、枝ぶりが良くないとしても、それは仕方のないことだと受取るだろう。

そう考えると、ピアニストがテクニックの難しい、しかし面白くはない曲（例えばリスト）を弾きたがるのも、納得がいく。彼らの最大の目的は、困難なパッセージを弾けたという極めて個人的な「達成感」にあるのだ。曲は、そのための「手段」でしかない。作曲家としては、「曲への理解や共感」が目的であって欲しいのだが（弾けない私のヒガミかもしれないというのは、ここだけのヒミツだ）。

♪続・ピアニストの性（さが）

ピアニストは、異常なまでに部分的なミスタッチを気にする。作曲家は、曲全体のまとまりを気にする。これは、どちらとも関わりのある私の実感だ。面白いのは、こと「記録（録音）」となると、この優先度が逆転してしまうのだ。

機械好きの私は、小さい頃からレコードプレーヤーよりもテープレコーダーに興味があった。小学校低学年の時には、アップライトピアノの上の蓋を開け、中にマイクを突っ込んで録音していたくらいだ。その方が「リアル」に録音出来るのを、試行錯誤して発見したわけだ。そんなこともあって、デジタル録音もかなり初期からやっていた。それで、演奏会や発表会の録音を頼まれることがよくある。

以前は、教科書通り？グランドピアノの蓋の端を狙って高音部の弦の音を拾うようにマイクをセットし、他にホールトーン収録用として客席側にもマイクをセットしてミックスしていたものだ。私的には、なかなか「リアル」な音で納得していたのだが、どうもピアニストには評判が良くない。――「音がリアルすぎて、ミスタッチが気になる。もっと、雰囲気のある音にして欲しい。」

せっかく性能の良い機材を使っているのにとは思ったが、マイクの本数が減ればこちらの手間も省けるので、客席側のマイクのみにして録音してみた。今度は、評判が良かった。以来、私は特に指定の無い限り、いわゆる「オフマイク」で録音するようにしている。

私は「マニア」なので、色々な種類の録音機を持っている。音楽家の知り合いから、録音機購入の相談をされることもある。そうなると、いくつかの候補の機械を実際に見せて（聞かせて）、好みで選んでもらうのだ。

ピアニストは、性能の「低い」録音機を選ぶ。作曲家は、性能の「高い」録音機を選ぶ。極めて興味深い結果だが、例外はまず無い。考えてみれば、ピアニストにとって「ミスタッチ」は個人的な「興味」でしかなく、聴衆に感じて欲しいのは「曲全体の雰囲気」なのだろう（「達成感」は、また別の問題だ）。そこで、細かい音まで「リアル」に録音されてしまえば、自身の「恥」をさらすことになるわけだ。しかも、記録として残されてしまってはたまらない。それだけは避けたい、ということは良く理解出来る。

作曲家にとっての録音は、曲の「分析手段」なのだ。もともと「理数系」なこともあって、「細かい音色の違い」等まで知りたくなるわけだ。なので、可能な限り「リアル」に記録出来なければならない。別に「ミスタッチ」を責めるつもりではないので、念の為。

ということで、両者の間の溝は結構深いのだ。

♪「オカルト」嫌いの音楽家

SF小説好きな私は、小さい頃から「超能力」を信じていた。「霊」は、祖母が亡くなった時の野良猫の不可解な行動を見るまで、錯覚だと考えていたが。その後は「オカルト」も「科学」も、私の中では共存するようになっている。

音楽家は「自分の想いが聴衆に届く」と主張する。私は「伝わるのは音（空気の振動）だけだろう」と言う。他にあるとすれば、演奏するパフォーマンスを見ることで、聴衆が勝手に感動してしまうことだろうか。しかし、音楽家は「何かが伝わるんだ」と主張を変えることは無い。面白いのは、そんな音楽家が「テレパシー」を信じていないということなのだ。彼らは「科学的」ではないという理由で、それを頭から否定する。では、どうして想いが届くのだろう？　私に納得のいく説明をした音楽家は、いまだかつて一人もいない。

T学園で、私は「謎のピラミッドパワー」という作品を発表したことがある。そこで、実際に、ピラミッドの中でカミソリの刃が再生したこと等を説明した。まわりの先生方や学生の反応は、そんな「オカルト」じみたものを本気で信じているのか、だった。私から見れば「テレパシー」なしに伝わる想いの方が、はるかに「オカルト」なのだが。

そんな音楽家も「アナログ最高」という「オカルト」（宗教）には、無批判で入信してしまうのだ。私は黙って「圧縮デジタル」の音楽を彼らに聞かせ、マインドコントロールを解くことにしている。「科学的」で「オカルト」嫌いな音楽家は、「論理的」な考えの出来ない人たちでもあるのだ。

♪音楽家は機械「音痴」

高校生の時、ピアノ科の同級生に相談されたことがある。

「レコードの録音なんだけど、まわりの音が入っちゃってうまくいかないのよねー。」

なんと彼女は、スピーカーの前へマイクを置いて録音していたのだ。ライン録音という概念を彼女に説明するのは、困難を極めた。後日、話を聞いたが、配線が面倒ということで相変わらずマイクで録音しているとのことだった。

大学生の時、別のピアノ科の同級生に相談された。

「レコードをかけると、ブンブンと音がして困るのよねー。」

なんと彼女は、スピーカーのすぐ横にプレーヤーを置いていたのだ。ハウリングという概念を彼女に説明するのは、困難を極めた。配置は変えられないし予算も無いということで、インシュレーターの代わりにプレーヤーの下へ座布団を敷くようにアドバイスしたところ、ブンブン音は見事に収まったのだった。後日、話を聞いたが、座布団は外してしまったと言うのだ。

「だって、見た目が悪いんだもん。小さな音で聞けば気にならないから、我慢するワ。」

ポータブルDATで録音している音楽家がいた。彼は、録音時間が長くなるという理由だけで、LPモードを使用していた。当然、SPとLPの音の違いに気づいていなかったわけだ。しかも彼は、録音レベルを自動にし、マイク感度を「低」に設定していたため、実際に録音されている音は、ノイズに埋もれているような状態だった。驚くべきことに、彼は「デジタルで録音しているのだから、いい音なんだ。」と信じていたのだ。

これは、ここだけのヒミツだが……ある時、コンサートの頼まれ録音で失敗したことがある。サブも駄目だった。原因はDATテープの製造不良だ。メーカーは機械との相性というが、メインとサブの録音機は別メーカーだ。それぞれの機械で、他メーカーのテープでは問題無しだった。幸い、サブのそのまたサブで録音していたMD（LP4モード）は無事だったので、それをCDにして渡したところ「いい音だ」と感心されてしまった。

詳しくない方のために、少しだけ説明しておこう。CDと比べて、MDのLP4モードのデータ量は、約二十分の一しかないのだ。それでも、音楽家は「いい音」だと感じたわけだ。「デジタル」と「アナログ」は宗教のようなものなので、音楽家は見栄を張って「CDよりもレコードの方がいい音だ。」とか「アナログの方が音楽性がある。」等と言ったりするが、実際にその違いを聞き分けているわけではない。ただ単に、ムード？で発言しているだけだ。ということで、もちろん「リニアデジタル」と「圧縮デジタル」の違いもわからない。「ビットレート」という概念は、音楽家の脳内には存在していないのだ。

「マニア」な私は、多少の音の違いならわからなくもない。父親の友人が某大手音響メーカーの工場長だった時、父親と一緒に工場見学をしたことがある。まだ試作品だった業務用のCDプレーヤーを聞かせてもらったのだが、私は視聴用のCDが「アナログ録音」であることに気づき指摘した。技術者は知らずに聞いていたらしく、CDを調べたところ、確かに指摘通りだと驚いていた。

そんな私でも、日常聞いている音楽は「wma の 64kbps」（CDの約二十分の一）に圧縮したものだ。知り合いの優秀な音楽家は、例外無く、その「音の良さ」に感激する。音楽家の「耳」というのは、その程度と思って間違い無いだろう。

音楽家は、機械を知らない。そして、機械の音質を全く気にしていない。オーディオマニアが知ったら卒倒しそうなことだが、これが真実なのだ。

♪元祖ウォークマン

ウォークマンが登場し、爆発的なブームになった頃、何人かの有名人が「自分が元祖だ」と名乗りを挙げたものだ。ある人は「モノラルの機械にステレオのヘッドホンを接続して音楽を聞いていた」と言っていた。他の人も似たり寄ったりで、元祖を名乗るにはいささか無理があったと思う。

そんな人たちより五年以上前に、私はある試みをしていたのだ。高校生だった私は、ポータブルのステレオカセットを持っていた。持ち歩きには少々かさばるし、重さもあったので、自転車に積んで走行音の録音をしていたのだが……その頃、従来の「マグネチック型」よりはるかに音が良いという「ダイナミック型」のイヤホンが発売になったのだ。イヤホンとは言っても、耳の穴に差し込むのではなく、耳掛けタイプ（オープンエア）だった。しかも、イヤーパッドが赤と青の二種類あったので、ステレオの右と左にドンピシャだと気づいた私は、試しに（小遣いが少なかったこともあり）一つだけ購入してみた（もちろん、最終目標は二つを使用した「自転車走行中のステレオでの音楽鑑賞」だ)。

このイヤホンは、確かになかなか良い音がしていた。装着感も良かった。だが、私の実験計画?を察知した両親に、走行中は危険だとストップをかけられてしまったのだ。諦められない私は、オープンエアならまわりの音も聞こえるから安全だと自分に言い聞かせ、片耳だけでの「テスト走行」に踏み切った。結果は、予想外のものだった。装着しながらの「移動」を想定していないイヤホンは、風によってパタパタと動き、私の耳に当たり続け、とても音楽を聞ける状態にはならなかったのだ。こうして、私の「世界初?」の試みは、我が家の前の道路を数十メートル走っただけで頓挫してしまった。

もう一つは、メーカーも認めた?世界初だ。世界初のポータブルCDプレーヤーが発売された時のこと。発売元の某大手音響メーカーには「ヤングラボラトリー」という部門があった。若いユーザーの生の意見を聞くという所で、当時ヤングだった私は、何度か参加したことがある。そのプレーヤーのユーザーということで、その時も参加したのだった。ポータブルとはいえ最初の製品でバッテリーの持ちが悪かったため、オプションのバッテリーケースは大きくて重く、高価だった。持ち運びも大変だし、買うのももったいない。

使用可能なバッテリーは二種類あり、乾電池でない方のビデオカメラ用は、たまたま持っているタイプだったので、私はそれ用に小型のバッテリーケースを自作してしまった。本体の方は、ウォークマンのベルト掛け用アダプターにアルミ板を削って作ったアタッチメントを足して固定出来るように改造したものを装着し、手ぶらで持ち（聞き）歩き出来るようにしたのだ。私は、世界で初めてＣＤプレーヤーをウォークマンのようにして歩きながら聞いた人間となった。

ヤングラボラトリーへ、その格好で参加した私を見て、まわりのヤングが「こんな風に使いたかった。早く、こういったアタッチメントとケースを発売して欲しい！」とメーカーの人に懇願する事態となった。メーカーの人は驚きながらも、私の「作品」をスケッチし、商品化の検討を約束していたのだが。

結局、残念なことに商品化はされなかった。自分で使用してわかっていたのだが、商品とするには問題があったからだろう。まず、バッテリーの寿命が良くて一時間半だったことだ。致命的なのは、歩くだけなら大丈夫だが、急に立ち止まったり、走ったりした場合に「音とび」が発生することだ。これでは「欠陥品」というクレームをつけられかねない。メーカーとして出せないことは、良く理解出来る。私は、少しだけ時代に先行してしまったのだ。

余談だが、このヤングラボラトリーの時、ＣＤプレーヤーに入れて聞いていたのは「クラシック」ではなく「M田S子」だったというのは、ここだけのヒミツだ。その後、心ならずも「〇ニャン子クラブ」を聞くハメになってしまうとは……

最後にもう一つ。カセットのウォークマンでも、私の「世界初？」があった。「半速」ウォークマンだ。これは、オーディオ誌に掲載されたことがある。御存知の方もおられるかもしれない。

最近の機械は改造が困難なので、「世界初？」はしばらくお休みとなっている。音楽関係で狙っていることがあるのだが、内容は今のところ誰にもヒミツだ。近い将来、それが明らかになる日が来るかもしれない（その前に、別の世界へ旅立ってしまっていたりして……）。

◉第四章　「音痴」の空騒ぎ

♪「現代音楽」の深層

私が、初めて現代音楽に触れたのは、小学校高学年の時だったと思う。音楽教室の授業で、R先生（御主人が作曲家のY氏）がシェーンベルクを聴音問題に出した。

「なんだこりゃ?」――これが第一印象だった。全く、わけがわからない。今にして思えば、裏にハーモニーを感じられないメロディーは、私の「絶対音感」とそれに付随している「ハーモニー感」が受入れを拒否するので当然のことなのだが、当時の私にはそれを説明するだけの「材料」と「度胸」がなかった。

R先生は、私に問うた。

「どう?」

「なんだか、わかりません。」

「何が、わからないの?」

「そんなことを言われても、わかりません。」

話は、いつまでたっても平行線のままだった。

そんな私とは違って、同じクラスのマセガキ連中は、「面白いです。」とか、「こういう響きも、あるんですね。」とか、わかったような反応を示していた。

当時から、自分の感覚に自信が持てなかった私は、連中には自分に無い高度な感覚が備わっているのかと、驚き、感心し、そして落ち込むのだった。だが、真相はそうではなかった。

授業前、まだR先生のいない教室で、マセガキ連中はピアノの前に集まり、現代音楽を弾いていた。「こんなのって、猫に鍵盤の上を歩かせたようなものだよね。どこがいいんだろう。」「本当にそう。私も、よくわからない。」——連中の「本音」を知った私が「安堵」したのは、言うまでも無い。

現代音楽の授業は、やがて作曲へと進んでいった。私は「わからないものは、作れない。作りたくない！」と断固拒否していた。連中は、見よう見まねで作曲をし、お得意の「官能的」な表情で演奏するのだった。そうしているうちに、聴音問題にメロディーだけでなく現代音楽のハーモニー（とてもそうとは言えない「小汚い」音の集合体だが……）が出るようになる。4つから6つぐらいの和音？（クラスターとでも言うべきか）なら、私も余裕で正解出来た。ところが8つぐらいになると、耳（脳）が音を受け付けなくなるので、毎回正解とはいかないのだ。その問題を、連中はスラスラと正解していく。またしても、高度な感覚なのか。私は、再び落ち込んだ。

真相は、またしてもR先生のいない教室のピアノの前で、明らかになった。いつもの小汚い和音を弾いていたA組の中でもトップクラスの子が、こう言ったのだ。

「こんな音、聞き分けられるわけないよね。」――他の連中は、うなづいている。

「でも、作曲していて全体の響きを覚えているから、それと同じに聞こえたらそう書くことにしてるんだ。」

「私もそう。」

「私も……」

良かった。自分の能力が劣っていたわけではないんだ。聞き分けられないのは、連中も同じ。私が正解出来ないのは、作曲をしていないので、その和音全体の響きを知らないからなんだ。

そうわかった後でも、私は現代音楽の作曲をしなかった。あの小汚い音は、生理的に受け付けられないからだ。音楽は「美しく」響かなければ……これは、当時も今も私が音楽に求める最低条件なのだ。

二つの真相が明らかになったにもかかわらず、まだ、私には疑問が残っていた。自分たちは、まだ子供だ。音大生、大人になれば、もっと高度な感覚が理解出来るようになるのではないか。あの小汚い音たちの裏には、深遠な哲学が隠されているのかもしれない。そんな疑問を持ち続けたまま、私はT学園大学へ入学した。

当時のT学園は、学長始め作曲科の主流の先生は「フランスかぶれ」が多く、私の師事していたY氏の十二音音楽（ドイツ風？）は、学内では少数派だった。他の音大が（今は知らないが）「無調」などもってのほかという中で、「進歩的」と見栄を張りたいのか、T学園では現代音楽の作曲も許されていた。とは言っても、主流派は「フランスかぶれ」だ。「印象派後期」の響きを、より小汚くしたような曲が量産？されていた。いわば「現代音楽風味」だ。

相変わらず生理的に受け付けないため現代音楽嫌いだった私だが、Y氏に師事していたこともあり、よく現代音楽のコンサートは聞きに行っていた。そこで、さもありなんという話を耳にする。ある日本人の現代音楽の作曲家（有名な人だ）が、自分がかつて作った曲を聞いた。

「この曲は、なかなか面白いねえ。で、作曲したのは誰？」――「どれもが同じに聞こえる」と揶揄されていた（私もその意見に一票！）現代音楽の本質が、見事に現れた話だ。だが、ここで重要なのは、作曲者本人が自分の曲を聞き分けられなかったという事実なのだ。

T学園の作曲科のレッスンは、基本的に週に一度だった。レッスンの日が近づくと、学生たちはこんな話をしていた。

「今度の課題はクラシックなんで、時間がかかって大変だ。」

「自分は現代音楽だから楽でいい。一晩で作れる（でっち上げられる）もんね。」

クラシックの作曲には、それなりの知識と教養が必要不可欠だ。一つ一つの音の配置を、音楽理論に則ってしていかなければならない。現代音楽にも理論らしきものはあるが、基本は簡単だ。きれいな音にしなければ良いのだ（異論はあるだろうが……）。一晩で作れるというのは、作曲科の学生の実感だ。さらに言えば、それを評価する先生も、一晩か一週間かなどわかりはしないのだ。

T学園では、よく作品発表会が開かれていた。私は、毎回参加していた。発表会とは言っても「勉強」の一部なので、発表する曲の譜面を見ながら聞くことがある。それで、私は現代音楽の「正体」を知ってしまうことになるのだ。

ある曲（現代音楽）の演奏中、私は譜面と実際の音を比べていた。呆れたことに、ほとんど譜面に書かれたものとは違う音が演奏されていた。ところがだ。

作曲者は、それに「気づいていない」

演奏者も、それに「気づいていない」

聴衆も（譜面を見ていても）、それに「気づいていない」

これはいったい、どういうことなのか。発表会の後、毎回、先生方を囲んでの「批評会」（反省会）があった。私も、毎回参加していた。

問題の曲の批評が始まった。偉い先生（教授だ）が、譜面を手に熱弁をふるう。

「この音の持つ意味を、君はどう考えているのかね？」

「それは……」

失礼ながら、私は心の中で笑ってしまった。音大教授の耳というのは、そんな程度だったのか。この音の持つ意味って？　そんな音は鳴っていなかったぞ。いったい、何が言いたいんだ？　その後も、実際には演奏されていない「音」の「意味」に対する「高尚な議論」は続いていた。

ある時、私は恐れ多くもY氏に尋ねたことがある。

「結局、現代音楽って〈裸の王様〉なのではありませんか？」――Y氏は苦虫を噛みつぶしたような表情で、答えてくれた。

「そう。それが多すぎるのが問題だね。」

ある意味、現代音楽というのは面白い。作曲家は、自分の曲がどのように聞こえるかわからない。つまり、わかっていない音を、ただ並べているだけなのだ。演奏家は、自分の演奏が譜面どおりかどうかがわからない。作曲者もわからないので、間違っていても指摘されることはない。聴衆は、何もわからない。ただ、ありがたがるのみだ。

私は、この惨状を現代音楽の「三重苦」と呼んでいる。これを知れば、現代音楽は「音楽ですらない」という私の主張が、理解していただけるだろう。

では、なぜ現代音楽は廃れないのだろうか。それぞれの立場から、説明してみよう。

作曲家は、作曲の作業が簡単だからだ。ようするに、頭を使わずに出来るからだ。小賢しいヤツなどは、五線を書くのも面倒なので、「図形楽譜」という「のめくた」を書いてみせたり、演奏者の即興に任せるなどと奇麗事を言って、丸投げしてしまう。「インプロビゼーション」とかいう横文字を使えば、無知な聴衆は涙を流して感動してくれる。こんなにお気楽な商売は無い。

演奏家も、演奏が簡単だからだ。もちろん、練習など必要ない。ピアノで言えば、ミスタッチを気にしなくて良い。私のような「ピアノ科クビ」でも弾ける。（耳栓が不可欠だが……）気をつけるのは、きれいな音を出さないようにすることだけだ。それらしい「演技」さえしておけば、聴衆は勝手に感動してくれる。

聴衆は、自分が「文化的・進歩的」だと錯覚出来るからだ。本来、わかるはずのない（中身が無いのだから）ものがわかったと思う「優越感」を味わいたいのだ。

中身が無いものを、わかった気になる……？　そう、「現代音楽」の正体は「新興宗教」

なのだ。これまでで示したように、彼らの信じる「神」は存在しない。万が一、存在しているとしても、彼らには「神」の「真の姿が見えない」。なんと、私は彼らからすれば「異教徒」だったわけだ。だからといって、宗教論争などまっぴらごめんだ。私は「無宗教」だが「信仰心」だけは彼らよりも厚いと思っているので、集会？（演奏会）にはなるべく近寄らないようにしている。

ところで、私は作曲家なので、演奏家のことは説得力に欠けると思われるかもしれない。

そこで、ある演奏家の話を紹介しておこう。

知り合いに、とても優秀なピアニストがいる。彼は、ヨーロッパで有名な女性ピアニストに師事している。彼女の御主人は「20世紀を代表する作曲家の一人」と言われているMだ。その関係で、Mの作品を弾くことがよくある。彼は、話してくれた。Mの作品は、何がなんだかよくわからない。でも、どうやって弾けば聴衆が感動するかの「コツ」がわかった。それで、自分はその「コツ」を生かして弾くようにしている。彼は、私が現代音楽を音楽として認めていないことを知っている。だから、思わず本音が出たのだろう。そんな彼は、今もMの作品をリサイタルで弾いている。評論家（笑）の批評も良いようだ。

♪グルメは身の破滅

別項で述べたように、現代音楽とは「新興宗教」だ。もっとわかりやすく言えば、こうなる。「音痴の音痴による音痴のための音楽（音並べ）」――ではなぜ、あの素晴しいクラシックが、ここまで堕落してしまったのだろうか。答は「激辛料理」にあった。

ロマン派の時代まで、音楽は料理に例えれば「伝統的なもの」だった。印象派になると、今までに無い「スパイス」が使われるようになる。それはまだ、隠し味だった。印象派も後期になってくると「スパイス」が前面に顔を出すようになる。私の感覚で言えば「チョコミント」のようなものだ（故に、私は食べ物としては認めない！）。中には、好みだという人もいるだろう。それを否定はしない。

そして、現代音楽だ。それまでに、ほとんどの味が出尽くしたため、料理人（作曲家）は新たな味を使う決心をする。「苦味」や「辛味」（音楽でいう「無調」や「クラスター」）だ。最初は、控えめだった。当時の作曲家は、クラシックの知識や教養（料理なら素材の生かし方、あるいはダシのとり方）を持っていたので、「苦味」や「辛味」を入れても、わかる人は基本の「ダシ」を味わうことが出来た。

慣れというのは、恐ろしい。やがて、無知な聴衆は、もっと「辛い」「刺激的」なものを求めだす。もともと聴衆には、微妙な「ダシ」加減などわかりはしない。作曲家は「プライド」と戦いながら「辛さ」を「激辛」へと増していった。

ある時、それは一線を越えてしまった。あまりの「辛さ」に「ダシ」が負けてしまい、入れても入れなくても、区別がつかなくなったのだ。そうなれば、作曲に知識や教養は無用だ。水は低い方へ流れる。悪貨は良貨を駆逐する。作曲家は「お気楽な商売」に目覚めてしまう。ただただ、汚い刺激的な音を並べれば「音楽」と言い張れるようになったのだ。聴衆は、そんなものでも「音楽」として「理解出来る自分」に酔いたいのだから、始末に負えない。もっと、もっと、刺激を……！　激辛ブームの頃、一時話題になったが、刺激を受けすぎた「舌」は「味覚」を失ってしまう。同様に、現代音楽を聞いていれば「耳」は「美しい音の響き」を失ってしまうのだ。

かくして、現代音楽界は「味盲」＝「音痴」の人たちが「刺激」の強さにだけ反応する場所となった。ここで、幼稚園から小学校低学年くらいまでの子供に音楽をやらせている親御さんへ、私からの忠告だ。間違っても「現代音楽」を聞かせてはいけない。練習曲に「バルトーク」など使ってはいけない。有名だからと言って「N田Y直」の曲も駄目だ（私は彼の「童謡」は大好きだ。しかしながら、ピアノ曲の出来は悲惨だと思う）。大人が面白いと思うのは自由だが、子供に「汚い音」を聞かせるのは、ある意味「虐待行為」だ。子供に聞かせて良いのは「ブルグミュラー」のようなシンプルで美しい曲なのだ。これは、心していただきたい。

さて、「激辛」があれば「激甘」（スイーツ？）もある。その例を挙げておこう。シンセサイザーのK、オカリナのS、ピアニスト？のT。この人たちの曲は、ひたすら「甘い」。一般の人たちにうけるのも、良くわかる。ただ、専門的に見ると「素人芸」なのだ（TはG大出身らしいが、残念ながら、その曲の構造に知識と教養は見出せない）。甘ければ何でも使ってしまえとばかりに「砂糖」の効いた「カステラ」の上に「蜂蜜」や「生クリーム」をかけたようなものが、彼らの音楽だ。ちゃんとした知識があれば、甘さを出すのに「塩」を少量、隠し味で入れたりもする。柑橘（かんきつ）系の香りで、甘さに変化をもたらすことも出来る。その程度のことが、わかっていないのだ。呆れたことに「シンセサイザーのK」などは「自分は新しいクラシック音楽を創造する」と言っている。海外でも評価の高い彼に「売れない作曲家」の私が言うのもナンだが、一言だけ……「お願いだから、その前に、ちゃんとクラシックのお勉強をしてくださいネ！」

♪「無限」の可能性（笑）

人間には無限の可能性がある。よく耳にするフレーズだ。だから、音楽にも無限の可能性がある——果たして、そうなのだろうか？

無限という言葉は、とても心地良い。いずれは、何でも可能になりそうな気がしてくる。だが、考えてみれば、有限な存在である私たちには、無限など決して理解は出来ないのだ。無限の意味は、せいぜい「限界が想像出来ないくらいに大きな有限」といったところだろう。この宇宙が無限なら、無限大の質量によって無限小のブラックホールになってしまう。そうであれば、私たちは存在出来ない。しかし、私たちは現に存在している。宇宙は、有限ということなのだ。

人間の脳も、有限だ。そこから作り出される音楽もまた、有限なのだ。「霞か雲か」という曲がある。「ＡＢＣの歌」という曲がある。この二曲は、同じ和声構造を持っている。故に「似ている曲」と認識される。これだけでも「無限の可能性」が狭まってしまうのだ。

可能性の中には、こういうこともある。「ABCの歌」のメロディー「ドドソソララソ」を「ドドソラファソ」に変えてみるとする。確かに違うものになるが、素人は同じものと思うだろう。これは「ドソソドララソ」と変えても同じことだ。またしても「無限の可能性」が狭まってしまった。なぜそうなるかと言えば、答は人間の持つ優れた能力にあるのだ。

「パターン認識」——これがあるので、私たちは一万円の教材用も一億円のストラディヴァリも、同じバイオリンとして認識出来るわけだ。逆に、これがあるため「無限の可能性」は有限になってしまう。「どこかで聞いたような曲」——たとえまっさらな新曲だったとしても、こう言われた段階で、その曲は無いも同然になる。認めたくない音楽家も多いだろうが、すでに曲のパターンは出尽くしているのだ。私のまわりでも「良心的」な作曲家は、新たな曲を作れないでいる。

今時、無限の可能性を信じているのは「現代音楽」の関係者だけだろう。ひょっとすると、商売のための「演技」と半々なのかもしれないが。「中身が無い」=「ゼロ」=「無限」！彼らによって、この瞬間にも、小汚い音が無限と思える程に生産されている。終わることは「永遠」？に、やって来ないのかもしれない。

◉第五章　「絶対音感」大バーゲン

♪「絶対音感」番組の謎

テレビで、絶対音感を持つと自称する「天才少女」（少年もいた）を見るようになったのは、いつの頃からだろうか。その名もズバリ『絶対音感』という本がベストセラーになったことがあるが、それ以前から、その手の天才ちゃん・天才くんは出ていたように思う。

さて、その手の番組の一つで、私は驚くべき光景を目の当たりにした。某大手楽器メーカーの音楽教室の生徒が「天才」として出演していたのだが、その先生という人が、あろうことか「私には絶対音感は無いんですけど、この子にはあるんです。」と臆面もなく言い放っているではないか。話を聞いていると、どうやらピアノの音が聞き分けられるということらしい。

普通の人には（実は三流の音楽家にも）誤解があるようだ。あるいは、知らないのかもしれない。絶対音感が無くても、優秀な音楽家ならピアノの音の高さはわかるということを。「ピアノならわかる」のは、少なくとも私のいたT学園では極めて当然のことだったし、その程度で「自分は絶対音感を持っている」などと自慢する者は一人もいなかった。なぜなら、まわりを見回せば（私も含め）それ以上の能力を持った人間が何人もいたからだ。

その天才ちゃん（少女だった）に話を戻そう。先生の弾くピアノの音を、次々に言い当てていく。確かに正解だ。ギャラリーの「凄い！」の声に、先生も得意顔になる。だが、ここからが驚きの連続だった。

楽器ではない音ということで、車のクラクションが出題された。私は即座に、二つの音を認識した。（通常、クラクションは二音のはず……）ところが、天才ちゃんは三つの音だと言うではないか。そして「正解です！」と司会者。なんということだ。私の聞き違いなのか？

疑問は次の出来事で、疑惑に変わった。混声合唱を聞き分けるということで、ある和音が発声されたのだ。音楽家以外の人には意外かもしれないが、「声楽家は音痴」という音楽界の常識がある。だから譜面を見せられても、ピアノで音を聞かされても、そのとおりの高さの発声は決して出来ない。「そのあたり」なら可能なのだが……案の定、発声されたのは和音とは言えない（そしてドレミでは言えない）くらいにズレた汚い音の集合体だった。にもかかわらず、天才ちゃんは平然と答えを出す。またしても「正解です！」と司会者。これに正解出来るわけがない。もともと正解といえる正しい音が無いのだから。そこから導かれる結論は、二つしかない。

一つは事前に正解（声楽家に指示した音）を知らされていたこと。二つは実は天才ちゃん、大した能力の持ち主ではなかったこと。

先生に絶対音感が無いことからして、私はどちらも真実に近いと思う。ただ単にピアノの音を言い当てただけの少女を、程度の低い先生や両親（聞いたこともない音大出身だった）が天才児だと勘違いし、よってたかって持ち上げた結果がこれなのだ。

三流から見て天才でも、それは二流でしかない。一流との距離は、果てしなく遠い……

某大手楽器メーカーとしては、自分の所にはこんな天才がいるんだぞとアピールしたいらしい。考えてみれば、私が子供の頃から何人もの天才がこのメーカー関係のコンクールから現れていたが、残念（当然のこと？）ながら、その後の活躍を耳にすることは決して無かった。

天才ちゃんも、早く自身の真の実力に気づけば良いが、まわりが三流だらけでは無理だろう。将来、一流との越えられない差を思い知らされた時の挫折感を思うと、気の毒でならない。

この手の番組で困るのは、天才ちゃん本人以外に絶対音感を持った人間が出て来ないことだ。これでは、ちゃんとした検証は不可能ではないか。結局のところ、本当の正解が分からぬまま、天才ちゃんの答えは全て正解という前提で「凄い！」「驚きだ！」のオンパレードになってしまう。視聴者など、簡単にだまされることだろう。

番組には、プロの音楽家も出演していた。某有名オーケストラのコンサートマスターだ。絶対音感があれば、どんな物音でもドレミで聞こえるという話の流れで、空き缶を叩いた時の音を言い当てることになった。天才ちゃんの名誉のために言っておくが、ここで答えたのはコンサートマスターその人だった。

「私には☆の音に聞こえます。」

おいおい、そんな音は鳴っていないぞ。三度（約30％）もズレているのがわからないとは……私は絶句した。「そのとおり、正解です。やはり一流の音楽家は違いますねえ。」隣にいた「音楽評論家」の、さも感心したような発言に対して、彼が「まあ、私も、一応色々な訓練を受けてきましたから……」と、自分の間違いに全く気づく様子もなく答えるのを聞き、私はテレビの電源を切った。もう、充分だ。

面識が無いとは言え、大学の先輩にあたる人物の醜態を、これ以上見るのは忍びない。「正解です！」発言の後に見せた彼の「ドヤ顔」が、しばらくは目に焼きついていた。

♪気がついたら「絶対音感」

私には絶対音感がある。それも、かなり高度な……だが、それに初めて気づいたのは、小学校も高学年になってからだ。一年生の時からT学園の音楽教室に通っていた私にとって、まわりは皆ピアノの音がわかる子なので、当然、誰もが自分と同じ感覚なのだろうと、何の疑いも持っていなかったのだ。大多数の音楽家は、ピアノだけでそれ以外の音はわからないと知るのは、もう少し後のことだった。当時、私を悩ませていたのは「色」の感覚だった。自分が赤いと感じる色と他人が赤いと感じる色は、果たして同じものなのか。配色に対する感覚は、どうなのか。結局、魂の移植をして、他人の意識を体験しない限り、理解することの出来ない問題なんだろうと自分自身を納得させるまで、この葛藤は続くことになる。

おそらくは五年生のある日、私は日頃から不思議に思っていたことを母親（自他ともに認める「音痴」だ）に聞いてみた。

「マンガでピアノを弾く場面になると、出てくる音に〈ポロンポロン〉とか〈ボロンボロン〉とか書いてあるよね。ピアノの音は〈ドレミ〉なのに、どうしてそう書かないのかなあ。」

「だって、ピアノは〈ポロンポロン〉って鳴っているでしょ。だから、そう書いてあるのよ。」

「違うよ。ピアノは〈ドレミ〉って喋る楽器なんだから。」

「もし、そう聞こえているんだとしたら、それは絶対音感というものかもしれないね。音楽教室の試験の後で、室長の先生からそんな言葉を聞いたことがあるわ。」

幼稚園の時、バイオリンを習いたいと言っていた私を、なぜか母親は近所だからということでピアノ教室に連れて行った。（今から考えれば、教師と言っても素人に毛の生えたぐらいのレベルの人が、趣味でやっているようなところだったが……）そこで、ピアノの鍵盤をひとつひとつ弾きながら、これが「ド」、これが「レ」というように教わるのだが、それは、私には極めて当然のこととして納得出来るのだった。

なぜなら、先生が「ド」と言って弾く鍵盤からは、確かに「ド」という音が出ていた（喋っていた）からだ。同じく「レ」も、そして「ミ」も、もちろん「ファ・ソ・ラ・シ」も、全てそうだ。ピアノは、ドレミという言葉を喋る。だから、ドレミという音名になっているんだ。そう名づけたイタリア人は偉い。それに比べて日本の音名、ハニホ……は何なんだろう。わかりにくいったらありゃしない。いちいち、ドレミから「翻訳」しなくちゃいけないのは、本当に面倒だ。

というわけで、信じていただけないかもしれないが、私は「絶対音感の訓練」を受けたことが無い。そもそも、絶対音感というのは、訓練で身につくのではなく「生まれつき」のものなのだ。訓練でわかるようになるのは、せいぜいピアノの音ぐらいだろう。その程度で、絶対音感とは言えない。マスコミに登場するのが、この程度の「天才児」ばかりなのは、なぜなのか。自分も、絶対音感を持っている友人も、気がついたら全ての音はドレミで聞こえていたのだ。

私にとって、ピアノの音を聞くというのは、ピアノの喋るドレミを聞くことなので、間違えようが無いし間違えるということが理解出来ない。聞こえた言葉をオウム返しに答えればいいだけなのに……

では、黒鍵の音は？と疑問を持たれるだろうが、これについては言葉が「訛(なま)っている」ように聞こえるとしか説明のしようが無い。他の楽器や楽器以外の音は？　どんな音でも、ドレミやドレミの訛った音として認識してしまう。私には人の喋り声の高さもわかるので、声楽家以外であれば、その人の出せる最低音を言い当てることが出来る。これは、通常の喋り声の高さは最低音の完全４度から５度上だということを根拠にしているので、喋り声を意識的に上下させることの多い声楽家相手では当てられないわけだ。

さて、そんな幼稚園児の私が小学校へ上がる頃には、その教室のレベルでは物足りなくなってきたため、両親は「T学園附属子供のための音楽教室」の試験を受けさせようということにして、当時まだ「郊外の臭い」プンプンのT学園のある町へと私を連れて行った。試験は、ピアノ演奏とハーモニー（和声）聴音だ。実のところ、ピアノは散々だった。先生が半ば素人だったこともあり、なんとホロビッツばりに指を伸ばしたままでピアノを弾いていた私は、演奏を途中で止められてしまったのだ。怪訝そうに「もういいの？」と審査員に尋ねたことは、いまだに忘れられない思い出だ。そして、聴音。一人ずつ順番に出題され、それに答えていくのだが、待っていると前の子の「ツェー」とか「ゲー」とかいう習ったことのない答えが聞こえてきた。どうやら「ドイツ音名」というやつらしい。

私はドレミとハニホしか知らず、先生には和音は下の音から順に答えれば良いとだけ教わっていた。シャープがあれば、例えばドイツ音名で〈D Fis A〉なら「レ、ファシャープ、ラ」というように。私の順番になった。

「ドイツ音名は？」

「わかりません。」

「じゃあ、ドレミで答えてね。」

手始めは〈C E G〉だ。「ド、ミ、ソ」。もちろん、それから先も私は次々に正解した。「レ、ファシャープ、ラ」もあった。そうこうしているうちに、出題者の態度に変化が現れた。間髪を入れずに正解する私を見て、試したくなったのだろう。次に「これは？」と出されたのは〈Fis A Cis〉なんとシャープが二つある和音だった。

私は答えに詰まった。音は全てわかっている。だが、答え方がわからない。急に黙り込んだ私に、出題者はやさしく声をかけてくれた。「音はわかるよね。それなら下の音から順に言ってごらん。」「ファのシャープと、ラと、ドのシャープです。」その後も、シャープやフラット二つの問題が続いた。

試験は終わり、親の面接となった。有名作曲家だった室長は、母親にこう言ったそうだ。「ピアノは大いに問題ありですが、聴音の全問正解は、お宅のお子さん、ただ一人だけでした。私には良くわかりませんが、ひょっとすると絶対音感を持っているのかもしれません。ピアノの出来だけを見れば入室は難しいが、それは追々直していくとして、こちらも生徒が少なくて困っていますから、聴音の結果がとても良かったということで合格にしてあげましょう。」母親は、その言葉を胸にしまい込んだ。合格とだけ聞いていた私が真相を知ったのは、高校生になってからだろうか。

詳細は別項（音楽教室の実態）に譲るとして……音はわかるものの、それを譜面に書く訓練を全く受けていなかった私は、わずか一月で二学年合同クラス（一番レベルの低いところ）に落とされてしまう。そこから紆余曲折はあったが、小学三年生の時には一番上のA組にまで成り上がっていた。

私のいた学年は、先生方が子供の限界を見極めようと張り切って教えていたために、その前後の学年よりも全体のレベルが高いと言われていた。AからFまでの組の中で、C組でも優秀、B組は他の年度のA組相当だと。ならばA組は？「雲の上の存在」と言われていたようだ。そんなA組の中でも、私はトップクラスになっていった。

高校へ入学すると、全体のレベルが高い私たちの学年のために、それまでは大学にのみ存在していた「SP」（スペシャルの略）という名の授業が設けられた。その授業の中の聴音問題で、私はただ一人「完璧な正解」をし、A⁺という成績を取った。それでも、自分の能力には自信が持てなかった。もっと上があるのではないか。まったく別の、高度な感覚の世界を経験する時が、いつの日かやって来るのではないか。

だが、大学の「SP」で、音楽教室の中学二年生と同じ問題が出された時、私は自分の能力の頂点は小学校高学年から中学校にかけてだったんだと実感した。そして、様々な講義の中で音大教授の耳のレベルが自分以下であることや、「高度な感覚の世界」など無いことを理解した。

ほぼ同じ頃、大学の作曲科の先輩に、こう言われたことがあった。

「君は、もっと自信を持ってもいいんだよ。ＳＨＭ（ソルフェージュ、ハーモニー、メロディーの略。それぞれ歌、和音聴音、旋律聴音の意味）は世界的に見て日本のレベルが一番高いだろう。日本の中ではT学園が一番だ。そこでトップクラスということは、世界一なんだから。」

果たして、本当にそうなのか。私には、わからない……

♪猫も杓子（しゃくし）も「絶対音感」

他項でも触れたが、絶対音感には程度の差がかなりある。どのように説明すれば理解していただけるかを色々と考えているうちに、一つのアイデアが閃いた。世間一般での絶対音感に対するイメージは、一種の「超能力」だろう。ならば「霊能力」に当てはめれば、うまくいくかもしれない、と。

本題に入る前に、「絶対音感を持っていない」にもかかわらず、持っていると言い張る人たちのことについて、少々触れておこう。以前、まだ絶対音感という言葉がポピュラーではなかった頃、音楽関係の本で次のような記述を見つけたことがある。

絶対音感には二種類ある。「絶対的絶対音感」と「相対的絶対音感」だ。前者は、何の基準もないところで音の高さを言い当てられる。後者は、自分が普通に出す声の高さを知っていて、その高さと比較することで音の高さを言い当てる。だから、よく観察すると後者は無意識に自分で発声している。（例えば、短く〈アー〉とか〈ハッハッ〉とかいまう。

うように……）後者に、その発声をやめさせると、もう音の高さはわからなくなってし

私は、後者を認めない立場だ。そもそも「相対的」という言葉が出て来た時点で「反則」だろう。この本の著者は、音楽理論の世界では「巨匠」クラスなのだが。その人ですら「相対的」という詭弁を弄してまで「水増し」をしなければならないほど、世間の人たちや三流音楽家の「絶対音感信仰」は根深いということなのかもしれない。

特にアマチュア音楽家には、この程度で自慢する人が多い。いつぞやも、テレビのニュース番組！に出て来たアマチュアオケのオバサンが「私には、相対音感も絶対音感もある」と言っていて、呆れてしまった（実際、このオバサンは相対すら怪しいものだった）。ハッキリ言おう。――「オバサン。あなたに絶対音感は、これっぽっちもありませんよ！」これは、取り上げたテレビ局の責任も重い。今も、オバサンはテレビに出たこともあって、自慢気に恥をさらしていることだろう。

もう一人、例を挙げておく（私は、本人の〈無〉能力を実際に確認している）。アマチュアで管楽器をやっている人だ。この人も自称なのだが、驚くのは「場合によって、基準が変わる（B管の音に合わせる）」と平気な顔で言うのだ。基準が変わることを日本語では「絶対」というのだろうか？

では、論外な人たちの話はこれくらいにして、本題に入ろう。

・まずは、第一段階だ。

「霊能力　第1ステージ」…心霊スポットで、白いもの（何かはわからない）を見る。

「絶対音感　第1ステージ」…」前記のオバサンたちよりも少しはマシで、ピアノの音がわかるような気がする。もしくは、たまに当たっていたりする。

・次に、第二段階

「霊能力　第2ステージ」…白いものが、人の姿（霊）だとわかる。霊の話を聞いたような気がする。

「絶対音感　第2ステージ」…ピアノの音が、大体わかる。

・第三段階

「霊能力　第3ステージ」…霊の話を正しく聞ける

「絶対音感　第3ステージ」…ピアノの音が、完璧にわかる。

・第四段階

「霊能力　第3ステージ」…心霊スポット以外でも、霊の話を正しく聞ける。

「絶対音感　第4ステージ」…ピアノ以外の楽器の音もわかる。

・第五段階

「霊能力　第5ステージ」…いかなる場所でも、霊と対話出来る。
「絶対音感　第5ステージ」…まわりの音、全てがわかる。

私は、第四段階以上を「真の絶対音感」だと考えている。それぞれの段階を音楽関係の人間に当てはめてみると……

・第一段階…音楽教室の先生。
・第二段階…その教室で、それなりに出来る生徒。T学園のピアノ科以外。他の音大。別項登場のプロの音楽家。
・第三段階…その教室で、かなり優秀な生徒。第一段階から見ると天才なので、マスコミに売り込む。T学園のピアノ科。プロでも優秀な音楽家。
・第四段階…ここからが、本物。T学園なら学年に十人弱。
・第五段階…滅多にいない。T学園でも学年に一人か二人。不肖、私。なお、T学園は私の在籍当時のレベルだ。今は、様々なウワサを聞く限り、全体的に一段階以上は落ちているようだ。

どうだろう。多少は、イメージをつかんでいただけただろうか。誤解のないように言っておくが、絶対音感の段階と音楽家の才能は、比例関係にあるわけではない（私が、その「生きた見本？」だ）。ただ、世間一般の考える以上に、音楽家の中でも絶対音感のある者は極めて少数というのが事実だ。T学園での実感として、そのことは断言出来る。

これは「古典ピッチ」からみても、明らかだ。音楽の基準音は、バッハの頃から数百年かけて約6パーセント（半音）上がってきている。私の生きたここ六十年でも、基準が「440ヘルツ」から「444ヘルツ、もしくはそれ以上」になっている。約1パーセントの上昇だ（正確には、ピアノは通常442ヘルツ。オーケストラは444ヘルツ以上のこともあるという）。もし、大多数の音楽家に絶対音感があったなら、こんな事態にはなっていないだろう。

私の実感は、歴史が証明しているのだ。

♪「絶対音感」はツライよ

絶対音感を持つ人は、音楽のことなら何でも「超人的」に出来ると思われているようだ。しかし、実際はそうではない。

第一に、西洋音楽以外の音楽を長時間聞くことが出来ない。わかりやすく言えば、音（の高さ）に敏感すぎるのだ（鈍感な人が羨ましいくらいだ）。しかも、高さの認識が半音刻みなので、その間の音が出てくると脳ミソがパニックを起こす。特に「ガムラン音楽」のような半音より細かい音程があるものは、生理的に無理なのだ。「吐き気と頭痛」に襲われて、七転八倒してしまう。西洋音楽でも「現代音楽」は駄目だ。半音より細かい音は、無いこともあるが、そうだとしても音の響き自体が「汚い」からだ。まあ、これはもともと私からすれば「音楽ではない」のだが……。

よく誤解されているのが「移調」だ。聞いた曲（メロディー）をすぐに再現することは、出来る。だが、それを（あるいは、すでに知っている曲を）移調するのは、難しい。音楽家でも絶対音感のない人なら、単に鍵盤の位置をスライドさせれば何の問題もない。(厳密には白鍵と黒鍵で位置関係の変わる所が出て来るが……)

絶対音感があると、一つ一つの音を移調先の音に「翻訳」しなければならないのだ。これは、結構な手間だ。知らない曲はそれでも何とかなるが、知っている曲はその曲の「調性」によって「独自の色」があるので、「翻訳」の他に「色の違和感」との葛藤に耐えなければならない。絶対音感のない人に、この感覚を理解してもらうことは、おそらく不可能だろう。

ここで、また誤解されそうなので、簡単な点数に置き換えてみよう。完璧な移調を100点とする。絶対音感のない優秀な音楽家なら、90点から100点が可能だ。絶対音感があると80点くらい、良くて90点だろう。絶対音感のレベルが高いほど、逆に点数は低くなってしまう。普通の音楽家なら60点。音楽教室の先生は50点。マスコミで取り上げる「天才」は、良くて70点。50点の中にいれば、70点は天才に見える。そして困ったことに、そういう人たちは「自分は完璧に出来る」と主張する。先生も70点と100点の差が聞き分けられないので、完璧だと保証してしまう。

一方、100点のレベルを知っている私は、80点でも「あまり完璧には出来ません」と言う。一般の人は双方の話だけを比べ、私の方が「劣る」と判断してしまう。謙遜は美徳ではないらしい。

そこで、最近の私は「完璧ではないが、そこいらへんの天才くらいのことは出来ます。」と言うようにしている（まだ謙遜していることは、ここだけのヒミツだ）。

この「移調」を使って「偽者」を簡単に発見する方法がある。それを説明しよう。その人が、ピアノを弾けるというのが前提なのだが……電子ピアノの「トランスポーズ」を使って、二度くらい（上下どちらでも）音の設定を変えてやればいい。もちろん、設定変更をターゲット？に教えてはいけない。「ちょっと、音の高さがヘンだねえ。」等と言いながらも、通常と変わらずに弾いてしまう人は、絶対音感を「持っていない」（設定変更に気がつかない場合は「論外」だ）。

逆に、それまで普通に弾けていたのに、変更したとたんに顔をしかめて指が止まるようなら「本物」だ。是非、この方法で「自称」の「化けの皮」を剥がしてやって欲しい。

移調ついでに、興味深い話をひとつ。ベートーベンは絶対音感を「持っていなかった」ということをご存知だろうか？　ある有名テレビ番組で「持っていた」ということになっていたが、それは次に挙げるエピソードからみて、あり得ないのだ。

ベートーベンは旅先の貴族の館で、自作の曲を弾くように言われた。ところが、そこのピアノは音が半音ズレていた。ベートーベンは半音移調して、何事も無かったかのように弾いてみせた。絶対音感があれば「絶対に出来ない」ことだ。あるいは、その頃すでに聴力が衰えていたのかもしれないが、そうだとすれば「音感以前」の問題になってしまう。どちらにせよ、このエピソードが事実であれば、その時の彼に絶対音感は無い。

私が小学校低学年の時だ。ピアノのM先生が、自宅の建て替えでアパートへ一時的に引越していたことがある。レッスンでそこを訪ねた私に、M先生が言った。

「引越しでガタガタ運んだためか、ピアノの音が狂っているようなの。でも平気よね。」

ピアノの音は、半音下がっていた。私は、そのピアノをまともに弾くことが出来なかった。その時の状態を、無理は承知で例えてみよう。「鏡の前で、自分の髪を自分で切る」ような感覚。さもなければ、「歩く時、左足を出そうとしているのに右足が出てしまう」感覚。それらが、連続して襲い掛かって来るのだ。私はオーバーでなく、一音一音弾く度にもがき苦しんでいた。

尋常ならざる私の状態を見て、M先生はレッスンを早々に切り上げた。

「次のレッスンまでには、ちゃんと調律しておくから、今日は終わりにしましょう。」

後々、M先生（絶対音感は持っていない）は言っていた。

「あの時は、本当に大変そうだったね。私には、そういう感覚は全然わからないけれど……」

そこで、格言一だ。

「絶対音感殺すにゃ刃物はいらぬ。音をズラしたピアノを弾かせりゃ良い。」

私の場合、音楽（BGMでも）を耳にすると、音の高さだけではなく、ほぼ反射的に「曲の分析」を始めてしまう。これは、音教という「虎の穴」での訓練の成果？だ。原曲ならまだ良いが、何かの編曲だったりすると「原曲と調性は同じか」「和声進行は原曲に忠実か」「和声が変えてある場合、それは音楽理論に合致しているか」「対旋律の進行はどうか」等々を、頭が勝手にやりだすのだ。自分でも、どうしようもない。

笑われるだろうが、私は電話の保留メロディーにも一人でツッコミを入れているくらいだ。そんな日常なので、「生演奏」のあるレストランという所には一生行けないだろう。分析だけでも意識は上の空になるし、ピッチがズレようものなら吐き気と頭痛で食事どころではなくなるからだ。

しっかりと調律されたピアノのみで「現代音楽」以外の演奏なら我慢出来るかもしれないが、そうなると、今度は自動的に「演奏自体のアラ探し」モードに入ってしまう可能性大だ。我ながら、因果な耳を持ってしまったと思う。

学生の頃は、かなり能力的に敏感だったので、「時報の音」がズレて聞こえたりもした。（これは波形の関係で、正確な周波数でも多少違って認識されるものらしいが……）ただ、その時点では自分の中の「基準の誤差とゆらぎの量」がわからなかった。その後「水晶制御」で0・1パーセント刻みのピッチコントロールが可能なレコードプレーヤーが出現したので、それを使って自分で自分をテストしてみたことがある。

当時、自分の中での基準のA音は一応442ヘルツだった。ピッチのズレがわかるのは、体調の良い時で0.9%、最悪でも1.2%だった。半音が5.9%なので、モーツァルトが聞き分けたという伝説の八分音（約1.5%）は、私でも聞き分け可能だったことになる。ズレの許容範囲は、高めの方が少し広い。それでも八分音はキツかった。ということで、並べて聞かない限り、私には単独での440ヘルツと442ヘルツの区別は出来ない。どちらもA音と認識するだろう。自分の誤差（ゆらぎ）が約1パーセントなので、444ヘルツなら、わかる時があるかもしれない。

バイオリニストなどで「わかる」と主張する人のいることは承知しているが、ちゃんと検証された例を私は知らない。少なくとも、身近にいた「わかる」という人物は、他の能力からみて「ハッタリ」の可能性が限りなく大だとは言える。ただし「音の高さ」ではなく「音色の差異」で聞き分けている、という可能性まで否定するつもりはない。

二十代も後半になった年の暮れ、私は二度と遭遇したくはない事態に陥った。私は原因不明の頭痛に、数ヶ月悩まされていた。頭が冷えている時には問題ないが、食事をすると同時に耐え難い頭痛に襲われ、ころげまわるといった状態だ。そうなると、頭の位置が高いだけで駄目なので、後は床に這いつくばるしかなかった。医師の診断は「血管拡張性頭痛」だった。様々な薬が処方されたが、一向に治らない。もう、これ以上効き目の強い薬はない、ということで出されたのが……「テグレトール」

午前中に病院で処方され、昼食後、二錠飲んだ。これは、さすがに良く効いた。頭が軽く痺れたようになり、気分もハイになってきたのだ。

「ようやく、頭痛から解放されるのかもしれない。」

夕方、原チャリに自分で改造して取り付けてあった「バイクステレオ」(カセットだ)の音を出してみた。半音、下がっていた。このカセットは、よくピッチが狂うので、その時点では軽く考えていた。「また、スピードの微調整をしなくちゃ……」

夕食時、頭痛は治まっていたが、どうもテレビのCM音楽のピッチが妙なことに気がついた。自分の部屋へ行き、ピアノを弾いてみた。

「ド、レ、ミ、ファ、ソ、ラ、シ、ド」と、白鍵を順番に。ピアノは私に、こう喋った。

「シ、ド♯、レ♯、ミ、ファ♯、ソ♯、ラ♯、シ」黒鍵(半音)関係のピアノの発音?は、とても説明しにくいのだが、より実際に聞こえる喋りに近い感じで表すと、以下のようになる。

「シ、ド♯、ミ♭、ミ、ファ♯、ソ♯、シ♭、シ」
奈落の底へ落ちるとは、こういうことなのか。私はパニックを起こし、鍵盤を押し続けた。落ち着かなければ。冷静になって、考えよう。SF小説じみてはいるが、可能性は、二つ。自分のまわりの「時間経過」が遅くなっている。自分の脳の中の「時間経過」が速くなっている。だが、どちらにしても証明のしようがない。

そうだ。ピアノが偶然狂ってしまった可能性もあるかもしれない。私は、当時出回り始めたばかりの「PCMプロセッサー」を使って生録したピアノの音を聞いてみた。これならデジタル録音なので、ピッチの狂いようがないからだ。結果、音は見事に？半音下がっていた。私の脳の中で、全ての音が半音下がって聴こえていたのだ。その時まで、私は五感の中で「視覚」が一番重要だと信じていた。少なくとも私にとって、それは致命的な誤りだった。

「聴覚」即ち「絶対音感」こそが、私の外界認識の最大要素だったのだ。自分の感覚世界が「絶対音感」主体で成り立っているとは、それまで考えたこともなかった。あまりに自然で、あまりに当然だったので、意識したこともない。その「絶対音感」が狂った今、まともな日常の生活は不可能だ。もう、このままで生きてはいけない。ビルの四階にいた私は、窓から下を眺め、飛び降りようかと逡巡していた。結局、思いとどまった。原因は「テグレトール」に違いない。とにかく、病院へ行って話をしよう。飛び降りるのは、それからでもいい。

その日、生涯で一番長い夜を私は過ごしたのだった。翌朝。憔悴しきった私は、医師の前で「絶対音感が狂ってしまった」と必死に説明していた。もちろん、医師はポカンとしたままだ。

「何を深刻に悩んでいるんだろう?」――医師の表情は、そう語っていた。どんなに説明しても、私の「絶望感」は理解されなかった。このままでは「精神科」へまわされるかもしれない。私は、なおも食い下がった。やがて、医師は重い口を開いた。

「考えられるのは……」――医師は続けた。「テグレトールは、耳から脳へ行く神経に作用する。だから、君の言う絶対音感に影響が出たのかもしれない。服用をやめて、しばらく様子を見ることにしては?」

年が明け、高校時代からの友人二人と会食をすることになった。どちらも、優秀なピアニストだ。S君は第四段階の絶対音感を持っている。J君は第三段階だ(ちなみに彼は、自分は持っていないと自認している)その二人に「事件」の経緯を説明し、絶対音感の狂いを確認してもらうことになった。服用から二週間くらい経過していたので、その時点での狂いは四分音(約3パーセント)程度だった。私の「今は、これが自分の感じるA

の音なんだ。」と発声するのを聞いた二人は、「確かにズレているね。君でもズレることがあるんだ！」と驚いていた。無理もない。彼らにとっても、私の絶対音感は常に「絶対のもの」だったからだ。

薬の作用が抜け、絶対音感が完全に復活するまでに、約三十日が経過していた。その間の苦しみは、筆舌に尽くし難い。「音楽」が少しでも聞こえてくると、私の耳は、それを反射的に脳の中へ引きずり込む。理論的な分析以前に、そのピッチのズレで「吐き気と頭痛」を起こす。ズレが「許容範囲」に収まるまで、その「拷問」は四六時中繰り返し続いていたのだ。「拷問」から解放された時、もとの頭痛（ピッチのズレの時とは種類が違う）は、なぜか治っていた。それどころではなかった、というのが実感だが。

後日、この体験を友人のFさんに話したことがある。Fさんは、私の認める唯一の第五段階の人物だ。そんな彼女ですら、私の「絶望感」は理解不能だった。

そこで、格言二だ。

「絶対音感殺すにゃ刃物はいらぬ。テグレトールの一錠も飲ませりゃ良い。」

数年後。世の中全体の、特にテレビCMや劇中音楽のピッチが、私の「許容範囲」を超えるまでに上がってきた。このままでは、また「飛び降り」を考えなければならなくなる。もう、残された時間は少ない。私には、何らかの「対策」をする必要があった。

ようするに、ピッチを物理的に変換し、リアルタイムで自分の耳へ送り込む手段の構築だ。そこで、私は当時最新の「カラオケ用ピッチ変換機」（キーコントローラー）を入手した（今でもピッチ変換の製品はあるが、そのほとんどは半音単位で変化させるものなので、私の用途では使い物にならない）。入手したピッチ変換機は、半音の間の微調整がスライドボリュームで可能なタイプだった（ピッチをプラスマイナス6パーセント連続可変で調整出来るということだ）。それをテレビの音声出力とスピーカー用のアンプの間に接続した。実際の音を聞きながら「許容範囲」に入るまで、ツマミを動かす。その日の体調で多少の誤差はあるが、概ねマイナス0.8からマイナス1.2くらいの位置だ。私は、ようやく「吐き気と頭痛」に襲われることなく、テレビを楽しめるようになった。

だが、問題の全てが解決したわけではない。この「対策」は、外出中、耳に飛び込んでくる音楽には使えない。まさか、重たいピッチ変換機を担いで（マイクとヘッドホンも必要だ）歩き回るわけにもいかない。とは言え、何らかの新たな「対策」をしなければ、外出が永久に出来なくなってしまう。私は、必死に考えた。世の中にある全ての音楽のピッチを下げさせることは、事実上不可能だ。だとすれば、自分の能力を落とす（許容範囲を拡大する）しかない。どうしたら、そんなことが出来るのか。

そこで私のとった「対策」は、あまりにも「奇想天外」なものだった。「〇ニャン子クラブ」

の歌を「大音量」で聞き続ける。これが、その新たな「対策」の正体だ。ほとんど「音痴」と言っても過言ではないような彼女たちの歌声を聞くことで、絶対音感の「無力化」を図ったのだ。これも一種の「拷問」だが、自分の未来のためだ。私は、耐え続けた。許容範囲は、徐々に拡大していった。それにつれて、ピッチ変換機の出番は減っていく。数ヶ月後、私はテレビからピッチ変換機を外していた。

世の中の流れは止まらない。いずれまた、私の拡大した許容範囲をも超えて「音楽が押し寄せる」時がやって来るに違いない。その時に備えて、私は同じピッチ変換機を四台ストックしてある。他に、種類の違うものも三台確保した。自分なりに「対策」は万全だと思っていた。

四十代後半。それは「老眼」と共にやって来た。予想もしなかった「大どんでん返し」だ。「加齢」による絶対音感の「劣化」という現実が、私に襲いかかって来たのだ。よく知っている曲が、耳に入ってくる。だが、その音は体調によって半音近く上下のどちらかにズレて聞こえる。「おかしいぞ。この曲の調性は違うはずだ。」

4小節くらい聞いていると「正しい調性」（音の高さ）に脳が修整を開始する。その時の「吐き気」にも似た「違和感」。脳が捩れる感じ、とでも言おうか。「劣化」以前には、経験のなかった感覚だ。これは、自分だけのことなのか。あるいは、何らかの病気が原因なのか。

私は、同年代の複数の優秀な音楽家に、尋ねてみた。すると、皆、同じ悩みを抱えていた。――「自分の中のピッチが定まらない!」

絶対音感は、決して「消滅」したわけではない。ただ、以前のように、曲の最初の音を聞いただけで瞬時に言い当てる、ということは難しくなった。音楽以外の、例えば車のクラクションの音がすると、反射的に音名が口から出て来る。残念ながら今では、それが正解だという確信の持てない自分がいる。なぜなら、基準のゆらぎが大きすぎて、断定の根拠にならないからだ。

それでも、あえて言おう。私には、世間で言う天才レベルの能力は残っていると。あるいは、そう信じていたい。そこで、格言三だ。

「絶対音感殺すにゃ刃物はいらぬ。加齢で劣化を待てば良い。」

最後に、お願いがある。
・格言一は、みなさんのお役に立てれば幸いだ。
・格言二は、知識としてだけにとどめて欲しい。
絶対に悪用してはいけない。

「飲食物に混入する」「他の薬と偽る」――このような手段で摂取させられた場合、原因のわからない絶対音感の持ち主は、精神に異常をきたす可能性がある。最悪の場合「自殺」の選択もあり得る。

私は、原因を知って思いとどまったが、もし、あの時、薬の作用が抜けずにいたら……今の自分は、確実に存在していないだろう。

♪ようこそトンデモ科学へ

大学三年生の時、私は交通事故にあった。T学園からの帰り道、山手線某駅近くのガード下で、乗っていた車が6トントラックに追突されたのだ。幸い、玉突き衝突で間にもう一台車があったので、まだこうして生きているわけだが。事故処理に来た警官に、後で揉めても困るから医者に診てもらえと強く言われ、その警官の指示で近くの「脳神経外科医院」へ行った。そこで「脳波」の測定をすることになった。私にとって「初体験」の出来事だ。結果は「百人に一人か二人」という珍しい脳波だった。

「低電圧速波型」だ。当時、聞いた話では、なぜそうなるのかは不明とのことだった。それならと、私は独自の解釈をした。一般人の脳波（中電圧。高電圧が不定期に現れるのは「癲癇」の症状らしい）と比べて、低電圧で速波なのだから、真空管に対するトランジスター（今ならIC）なのではないか。ようするに、「低消費電力」で「演算速度の高い」脳味噌を、私は持っているに違いないと（医学的根拠は皆無なので、誤解の無いように！）。

一応、経過を診ようということになり、私はその医院へ何度か通った。院長は二枚目（イケメン?）な人で、その奥様（美人！）も医師だった。事故状況の説明などから、私がT学園在学中と知った奥様は、妙に感心していた。院長は、私に言った。

「君は、T学園に行っているんだ。あそこは、なかなか程度が高いところでしょう?」

「いやあ、大したことないですよ。」

院長は、突然血相を変えた。

「謙遜しないで下さい！」

私は、唖然とした。謙遜して怒られたのは、初めてだ。理由は、その後の奥様の話でわかった。娘さんが私と同い年で、しかもT学園の音楽教室にいたというのだ。ただ、あまり出来が芳しくなかったらしく、小学校高学年の時点でやめてしまったとか。それで、院長にしてみれば、私の謙遜は娘さんを馬鹿にすることになっていたわけだ。イケメンと美人の娘さんなら、さぞかし魅力的な人なのだろうが、結局顔を合わすことは無かった。私には、そのことが残念でならない。

通院の最後に、もう一度脳波の測定をした。やはり「低電圧速波型」だった。数年後。原因不明の頭痛に悩まされていた私は別の大病院で脳波の測定をした。結果は、またしても「低電圧速波型」だ。その時も、原因や理由は不明だった。

果たして、「絶対音感」と何らかの相関関係はあるのだろうか。仮にあるとしても、加齢で劣化した今となっては、証明することは困難かもしれない。この「謎」は、私が「来世」に持ち越す荷物の一つとなりそうだ。

♪「絶対音感」を超えて……

今にして思えば、確かに予兆らしきことはあった。スクラッチカードだ。あるハンバーガーチェーンのスクラッチカードで、私は10枚中9枚の当たりを出したことがある。そのやり方は、あまり説得力のあるものではないのだが……

私はUFOやオカルト系が大好きなので、その手の本をよく読んでいた。「超能力」にも興味はあった。もちろん、自分には無縁のものと考えていた。ある本に「ハンドパワー」についての記述があり、その実践方法がお手軽だったので試してみたのだ。その内容とは、こうだ。人は皆、超能力を持っている（大部分の人は、自分の能力に気がついていない）。

ハンドパワーは「利き腕の人差し指と中指」から一番多く放出される。そこで、私は左利きなので、左手の人差し指と中指をスクラッチカードに這わせてみた。表面には触れない程度の距離で「スキャン」するように。すると、場所によって明らかに指先に違う感覚があるのだ。「重い」という以外に説明のしようがないこの感覚で、私はここが当たりだと確信した所を削った。当たりだった。次も、その次も。最後の10枚目になって、当たりを2ヶ所までしか絞れなくなってしまい、その片方を削ったところ外れだったわけだ（当然？ながら、もう片方が当たりだった）。なんと、的中率95パーセント！だが、その後、同じようなもので試してみると当たるには当たるが、外れることも多かった。「スケベ心を出すとダメなのか。単なる偶然で、もともと能力は無いのか。」——その時点で、私にとってこのことは大した出来事ではなかった。

数年後。我が家で飼っていたセキセイインコの腹が膨らみだし、ついには止まり木につかまっていられないまでになってしまった。獣医の診断は「末期の癌で手術は出来ない」だった。なんとかならないのか。私は、かつての出来事を思い出し、万に一つの可能性に賭けてみることにした。カゴの外からインコの患部に向けて、左手の人差し指と中指から「ハンドパワー」を送り続けたのだ。数週間後、インコは血の塊を排出し、腹は元通りになった。半信半疑でレントゲンを撮ったところ、癌は消滅していた。獣医は「考えられない」と首をひねっていたそうだ。

それでもまだ、私は自分の能力？に懐疑的だった。偶然が重なっただけかもしれない。よしんば能力があるとしても、相手が小さいインコだから、なんとか効き目が出たんだろう。何の訓練もしていないのに、そこまで凄い力のあるはずがない。

その後のある日。父親が、肩の痛みで腕が上げられない、と言ってきた。「インコに効き目があったんだから、人間にも効くかもしれない。」——私は、軽い気持ちで父親の肩に左手の人差し指と中指を触れた。指先に「熱い」ような感覚が来た。

5分後。もう大丈夫と感じた私は手を離し、父親に問いかけた。「どう？ 痛みは消えたんじゃない？」——父親は、恐る恐る腕を動かし始めた。上げられなかったはずの腕は、頭の上まで動いていった。「治った。もう痛くないよ。」

なおも私は懐疑的だった。人間にも効いてしまった。でも、それは身内だからだろう。他人には効かないのではないか。そこで私は、友人たちに実験台になってもらった。100パーセントとはいかないものの、効き目のあることがわかった。その実験で、いくつかのことが判明した。同じ相手でも、効く時と効かない時がある。相手が超能力を信じているかいないかは、効き目と無関係。残念なことに、自分自身には全く効き目がない。ハンドパワーは、服を透過する（実は、もっと奇妙なことがあるのだが、それは後ほど明らかになる）。実験が訓練になったためか、指先の感覚（私は「反応」と言っている）がより鋭敏になり、患部の特定が可能となってきた。あとは、全くの他人に効き目があるかどうかだ。

そんな中、他人への実験の機会は思いがけずやってきた。A葉原のオーディオショップで、お店の人と世間話をしていた時のことだ。話の流れで「いやあ、最近ヘンな能力に目覚めちゃって……」などと言っていたのだが、そばで聞いていたお客の一人が、この話題に喰い付いてきた。

「そんなもん（ハンドパワーのことだ）、あるわけがない。本当に出来るもんなら、俺の体でやってみろ。」

五十肩で腕を上げられない、というその人の肩に私は左手の人差し指と中指を触れ、ハンドパワーを注入？しだした。もちろん、服の上からだ。

「信じなくてもいいですよ。効くかもしれないし、効かないかもしれないから。」

5分後。「どうですか？」――彼は、明らかに狼狽（ろうばい）していた。

「なんでだ？　腕が上がるじゃないか。」――彼は、何度も腕を上下させた。痛みは消えているようだ。

「効いて良かったですね。信じなくてもいいですから、このことでボクがインチキ呼ばわりされた時には、証人になってください。」

後日、お店に現れた彼は「ほぼ完全に治ってしまった。あの人にお礼を言っておいてくれ。」と話していたそうだ。

他人にも効いてしまった。だが考えてみれば、この段階まではならオカルトではなく科学的な「プラシーボ」効果で説明出来なくもない。インコの件は「偶然」なのだろう。信じていないという人も、心の奥では信じたいと思っていたのかもしれない。それなら、それで、多少なりとも人様のお役に立てればいいか。私は、心底そう考えていた。ところが、我がハンドパワーは急速にオカルトの世界へ突入していくことになる。

そう、いつの間にか「遠隔診断」と「遠隔治療」が出来るようになっていたのだ。最初は、ほんの思いつきだった。仕事先から実家の母親への電話中のことだ。

「手首の関節に痛みがあるんだけど、まだ4~5日は会えないからなんとかならない?」

母親は、かつての父親の治療現場?に居合わせて、私の能力は知っていた。そこで私は、自分でも信じられないことをやってみようと考えた。電話で会話をしながら、私は空中に母親の手首周辺をイメージし、そこを左手の人差し指と中指で「スキャン」してみたのだ。「患部」は、すぐにわかった。指先に「反応」があったからだ。私は、ハンドパワーをそのターゲットへ向けた。

「どう? 今、そっちの手首へパワーを送っているんだけど、わかる?」

「なんだか、少し熱い感じになってきた。」

手首の痛みは消えていった。これは、大変なことになってしまった。実際に触れてならともかく、百数十キロ離れた地点にいる人間の患部がわかり、なおかつ治療まで出来るというのか。ここまでくると、やっている自分自身でも不思議でたまらない。こんな話をしても、誰も信じてくれないだろう。それでも、一応「科学的思考」の出来る私は、その方向で理解しようとしていた。おそらく、私がパワーを送っているということで母親自身が自分の患部に意識を集中し、いわば「自己治癒能力」を発揮させたのだ。ハンドパワーうんぬんは、そのキッカケにすぎない。だが、その後の実験で「科学的解釈」は不可能となった。

またしても、身内だからだろうと考えた私は、友人知人に実験台になってもらった。やはり、100パーセントではないものの、電話口での診断と治療は可能だったのだ。そして、ある友人の思いつきによって、私の能力は正しく「オカルト」の領域にあると確信するようになってしまう。それは、こういうことだ。その友人の息子が骨折をした。電話口で手の骨折ということだけを話した友人は、私にその場所を当ててみろと挑戦?してきた。

私は、その場に（電話の向こうにも）いない息子の身体を空中にイメージし、指先でスキャンを始めた。まずは、右手か左手かだ。どうも左手には反応が無い。では右手に集中してみよう。肩ではない。肘でもない。ああ、感じた。肘の下から手首、そして小指にかけて反応がある。当時の私には、それ以上の場所の特定は困難で、そのように友人に告げたのだが……正解は「右手の手首の外側」だった。つまり、私は場所をピンポイントでは特定出来なかったものの、痛みの位置は把握していたことになる。

その後も実験（訓練？）を続けた結果、今ではほぼピンポイントで患部の特定が可能になった。別の友人のお母様が、転んで骨折したことがある。もちろん、骨折箇所はわからない。それをメールで知らされた私は、すぐに「遠隔診断」をし、結果をメールで返した。正解だった。

最近になって気がついたのだが、このハンドパワー覚醒？は時期的にみて絶対音感の劣化と重なっているようだ。何かが、私の脳の中で起こりつつあるのかもしれない。我が「超能力」は、これからも進化し続けるのだろうか。それとは逆に、我が「絶対音感」は、これからも劣化し続けるのだろうか。「現代音楽」を理解出来る程に？　悪い冗談ですめば良いが……。

最後にもうひとつ、エピソードを紹介しておこう。もちろん、これも実際にあった話だ。友人のJ君（ヨーロッパ在住のピアニスト）が、日本でリサイタルをすることになった。彼はとても美しい音色でピアノを弾くこともあり、私はワクワクしながら会場へと足を運んだ。プログラムは、モーツァルトを主にしたものだった。演奏が始まった。何かがおかしい。いつもの彼の演奏ではない。どうやら右手に問題がありそうだ。素人ではわからないくらいの微妙な変化を、私は感じ取っていた。原因は何だろう？ ひとつは、すぐにわかった。ピアノがS社の新型だったのだ。この超有名なS社のピアノ（私も気に入っている）は、新型は以前とは別物になってしまっている。私のまわりのピアニストの評判も、あまり良いものではない。それが証拠に、別項に登場のM女史は某財閥の奥様なのだが、敷地内にホールを建設した時、あえてS社の新型を選択せず、程度の良い旧型のピアノを中古で購入（2台も！）している。確かに弾きにくい新型だが、それだけではなさそうだ。

私は、演奏中のJ君に対して「遠隔診断」を試みることにした。あまり目立ってもいけないので（ヘンなオジサンになってしまう）、少しだけ左手を持ち上げ、空中に彼の身体をイメージし、スキャンを開始する。まずは、ピアニストの職業病と言ってもいい「腱鞘炎（けんしょうえん）」の場所、右手の肘を診てみた（ちなみに「ピアノ科クビ」の私が未だ「腱鞘炎童貞？」だというのは、ここだけのヒミツだ）。全く、反応が感じられない。肘から先、手首、指先、やはり反応が無い。私はスキャンする指先を肩の方へ移動させた。そこにも反応が無い。右腕には問題が無いのだろうか。ならばと右肩から首筋をスキャンしたその時、強い反応が現れた。これは？ そうなのか。私は確信を持った。彼は「五十肩」に罹っている。

念の為、私は彼の左手と左肩から首筋のスキャンもしてみた。反応は無かった。「遠隔診断」の結果は「五十肩、しかも右肩のみ」ということなのだ。

終演後、楽屋口へと向かった私は、思うところあって行列の一番最後に並んだ。とても素晴らしいリサイタルだった。皆、口々に彼を賞賛している。やがて、私の番になった。とりとめのない会話が終わり、別れ間際になって、私はJ君にこう話しかけた。

「ひょっとして、右側だけ五十肩になっているんじゃないかい？」——その瞬間、彼の顔色が変わった。「どうして、それを知っているんだ？」

◉ 最終章　音楽家の独白

♪気まぐれな神様

幼稚園の年長の頃、私は生涯忘れることの無い「夢」を見た。私は、金色に光り輝く「アップライトピアノ」の前に立っていた。ピアノの上には、天使?が二人浮かんでいる。そして、もう一人、金色に光り輝く「神様」がいた（我が家は「仏教」で、私自身は「無宗教」だが、その人物は「神様」だったと今でも思う）。

「神様」は、私に言った（私の頭の中で、言葉が響いた）。

「弾いてごらん。」――引っ込み思案の私は、なかなか弾こうとはしなかった。「神様」は、そんな私をやさしく見つめていた。決して強制ではないが、なぜか弾かなくてはいけないと感じた私は、その少し前に習っていた「ウォーターローの戦い」という曲を弾き始めた。弾き終わって見上げる私に「神様」は言った。

「おまえは、これをしなければならないんだよ。」――私は「これ」を「音楽」のことだと理解した。「そうなんだ。自分は、音楽をしなければならないんだ。」

音楽教室で、最初の挫折の時。小学校高学年で、クラス全員から仲間外れにされた時。

「ピアノ科クビ」を宣告された時。それでも「音楽」をやめなかったのは、「神様」のこの言葉があったからだ。この言葉を、私は今に至るまで持ち続けている。

しなくてもいい「苦労」の多かった私の「音楽人生」だが、中には「素敵な出来事」もあった。それらを、この最終章で述べることにしよう。

私が初めて「音楽の持つ力」を知ったのは、小学六年生の時だった。

卒業を前に「緑のおばさん」や「給食のおばさん」に感謝の気持ちを伝えようという話が出てきた。歌を作って捧げようということになり、私が作詞と作曲を担当したのだ。講堂におばさんたちを呼び、私のピアノ伴奏で六年生全員が歌い始めた。

「緑のおばさん、ありがとう。……雨の日も風の日も……守ってくれてありがとう。」

曲が終わらないうちに、伴奏している私の背後を人の走り抜ける気配がした。あまりの感激に涙の止まらなくなったおばさんが、泣きながら講堂を飛び出して行ったのだ。私は、自分の作った音楽に、それほどの力があったことに驚いた。この曲の和声進行の一部は、あの有名な「贈る言葉」の冒頭と同じだった（なんと、私の方が十年以上早かったわけだ）。

もちろん、だからと言って「オリジナル」を主張するつもりは無い。素人（理論を知らない当時の私も含む）には、とても心地よい和声進行ではあるのだが、理論的に見ると

「完璧な？誤り」なので、作曲家としては恥ずかしいからだ。

さて、次の感動体験は中学二年生の時。音教のA組の作曲コンテスト？で一等賞をとったことだ。今にして思えば、この時が私の才能（能力）の「頂点」だったのかもしれない。

その次は、大学二年生。「チー坊」に曲を捧げたことだ。T学園を卒業して間もなく、私はY氏から「音響デザイナー協会」というところを紹介してもらった。シンセサイザー好きが集まってコンサートをやっていたのだが、なぜか、そのコンサートで私の曲が発表出来ることになったのだ。イイノホールで「華麗なるタヌキの祭典」というシンセサイザー組曲を自ら指揮して演奏出来たのは、とても楽しい思い出だ（ステージ上ではシンセサイザーの合奏のように見せていたが、実際は事前に私一人で全ての音を録音したテープ、それも当時最先端のPCMプロセッサーを使ってビデオテープに入れたものが流れていたというのは、ここだけのヒミツだ）。

「華麗なるタヌキの祭典」は、ごく一部でウケたためか「FM東京」で取り上げてくれることになった。「シンセサイザーを操る若手の音楽家」という特集で、五人の中の一人に入れてもらえたのだ。ただ、放送が金曜日の深夜だったので、かなり宣伝したのに知り合いは誰も聞いてくれなかった。このことは、私の人望の無さのためと日記には書いておこう。何とか聞いて欲しい私が「エアチェック」したテープをコピーして配ったのは、言うまでも無い。ちなみに、番組で私の次の週に登場したのは「シンセサイザーのK」だった。その後の「世界的なミュージシャン」と「小学校警備員で作曲家」。この天文学的?な違いの原因は、どこにあるのだろうか。ひょっとして「神様」の悪戯なのかもしれない、と考えている私がいる。

二十代後半のある日。私はコンサートを聞きに「郵便貯金ホール」へ行った。休憩時間になった。私は後ろの方に座っていたのだが、前方からその私を見つけ、笑顔で近づいてくる人がいる。T学園で作曲科の後輩だったAさんだ。在学中の「冷たい視線」とのギャップに、私は困惑した。そんな私に、Aさんは真顔になってこう言ったのだ。

T学園を卒業し、外の世界に触れてみて、自分が「井の中の蛙」だったことを痛感した。在学中のあなたの発言が、いかに正しかったのかが良くわかった。どうか、今までどおり、自分の信じる道を進んで行って欲しい。

「ようやく、わかってもらえたのか。」——私は、心の底から感動していた。

同じ時、同じ場所で……作曲科の後輩で妹のようにかわいがり、まわりからは「栄太変の奥さん」と呼ばれていたBさんが、まだ私の知らない「婚約者」と一緒にいた。一年後、Bさんは結婚し、父親譲りの私のHGは、修復不可能なまでに拡大していった(これは、ここだけのヒミツだ)。やはり「神様」は、根っからの悪戯好きなのだろう。

三十代の半ば――毎年、録音を頼まれているピアノ発表会の打ち上げに参加した時のことだ。ピアノ科の先輩が、娘さん二人を連れて来ていた。お姉さん（当時十歳くらい）のY子ちゃんは、なぜか私の隣に座ると、深刻な表情で話し始めた。それは、おそらく誰にも言えず心の奥底に溜め込んでいた「悩み」の独白だった。私は、黙ってそれを聞いていた。Y子ちゃんは、涙ぐみながら私に「悩み」をぶつけ続けた。

「よくわかるよ。でも、あまり考えすぎてはいけないなあ。」――全てを吐き出して、多少は気持ちが落ち着いたのだろうか。Y子ちゃんは、私に向けてかすかな笑顔を浮かべ、帰っていったのだった。それから毎年、ピアノ発表会になると、Y子ちゃんは録音をしている私のところへやって来て「こんにちは」と言い、終わると「さようなら」と言いに来るようになった。私は自分の性格と経験からみて、そのことはY子ちゃんにとってかなり「勇気」のいる行動だと思った。何とかY子ちゃんを力づけてあげられないだろうか。自分に出来ることは、ないのだろうか。

「そうだ。Y子ちゃんに曲をプレゼントしよう。」

私は「素敵な明日」という曲を作り、中学二年生になっていたY子ちゃんに捧げた。Y子ちゃんは、私の想像以上に喜んでくれた。微笑むY子ちゃんを見て、私も幸せな気持ちになっていた。

その二年後。別項に登場したB先生と話していた時のことだ。B先生は、私の曲を高く評価してくれていた。

「あなたの美しい曲を、このまま埋もれさせるのはもったいないじゃない。楽譜にして出版したら？」

ある出版社に強力な「コネ」のあったB先生の口利きで、私の曲は作品集として出版出来ることになった。私は、最初で最後になるであろうこの作品集に、想いの全てを込めた。ピアノ小曲集「素敵な明日」は、こうして誕生したのだ。

いつものピアノ発表会で、私はY子ちゃんに最初の一冊目を渡した。Y子ちゃんの、驚き、感激する姿に、私はそれまでの苦労が報われたことを知るのだった。「音楽を続けていて、本当に良かった！」――あの「神様」の言葉の意味は、こういうことだったのかもしれない。だが、この小曲集は、もうひとつの「感動」を私にもたらすことになる。

「自分の信じる道を進め」と言ってくれた後輩のAさんにも、私は楽譜を贈っていたのだ。後日、Aさんからの手紙が届いた。そこに書かれていたのは、ほとんど手放しと言ってもいい程の「絶賛」の言葉だった。「ありがとう。こんなに嬉しいことはないよ。」――私は手紙に向かって、何度も話しかけていた。もう、それほど思い残すことも無い。私の感動体験も打ち止めだろうと、その時には思った。

数年後。S君は、足立区のお菓子屋さんの店内で、「サロンコンサート」を開いていた。フランスへ短期（三ヶ月）留学することになり、その間の「穴埋め」の話が私の所へ来たのだ。月に一度、ピアノを弾いたり曲の解説をして欲しいということだった。私は快諾した。推薦してくれたS君に恥をかかせるわけにはいかないので、毎回違った曲を弾くことにしたのだが、さすがに「ピアノ科クビ」の私に弾ける有名な曲には限りがある。そこで、自作の「素敵な明日」からも弾くことにした（誰も知らない曲なので、ミスってもわからないだろうという打算？があったことは、ここだけのヒミツだ）。

「サロンコンサート」二回目の時。プログラムは、シューマンの「子供の情景」と不肖私の「素敵な明日」だった。終了後、小学四年生くらいの女の子が、はにかみながら私に話しかけてきた。

「先生の曲も、演奏も、とても良かったです。わたしにピアノを教えてくれませんか？」

私は、かつてチー坊の「押しかけピアノ教師」になった時のことを思い出していた。今度は、立場が逆転して「押しかけ弟子」というわけか。

「いいよ。」――これが、私とT子ちゃんとの最初の出会いだ。

お母さんと色々打ち合わせをした結果、こちらの事情で「出張レッスン」をすることになった。何度目かのレッスンの時、T子ちゃんをどう呼ぶか、という話が出た。

「名字では堅苦しいし、T子さんと呼ぶにはまだ小さいし、やっぱりT子ちゃんかなあ。」

「それで、いいですよ。」

その日のレッスンが終わった。玄関先でのお母さんも含めた会話の中で、私は「T子ちゃん」と言ったのだが……帰り道、T子ちゃんは、毎回私を途中まで送って来てくれていた。玄関を出てすぐの所で、T子ちゃんは何かつぶやきだした。

「どうしたの？」

T子ちゃんは、こう答えた。

「今日は、記念日にするんだ。先生が、初めてわたしの名前を呼んでくれたから。」

著者：栄太変（えいたへん）

著者略歴：昭和30年4月7日生。桐朋学園大学作曲理論学科卒（第20期生　会員番号D74168）。桐朋男子中・高校音楽科講師、葬儀社の下請け、ビル管理人などを経て、現在は、なぜか小学校警備員。
音楽家としての歩み：小・中学生時代は、絶対音感もあり、音楽教室トップクラスの成績。大学卒業後、FM東京出演（同番組には喜多郎も）。自作曲の作品集を出版。以降、パッとせず。

「音痴」といえば音楽家
2021年10月15日初版第1刷発行
著　者　栄太変
発行人　松田健二
発行所　株式会社　社会評論社
〒113-0033　東京都文京区本郷2-3-10
電話：03-3814-3861　FAX：03-3818-2808
http://www.shahyo.com
編集・組版　有限会社メディアログ
装　幀　ミネラルワークス（海野温子）
印刷・製本　株式会社ミツワ